# 멋지게 나이 드는 법 52

크리스천 편

# 멋지게 나이 드는 법 52
_ 크리스천 편

이대희 지음

초판 1쇄 인쇄 | 2011년 1월 3일
초판 3쇄 발행 | 2011년 2월 9일

발행처 | 도서출판 작은씨앗
공급처 | 도서출판 보보스
발행인 | 김경용

등록번호 | 제 300-2004-187호   등록일자 | 2003년 6월 24일

서울시 서초구 서초동 1355-17 서초대우디오빌 1008호
전화 02 333 3773   팩스 02 735 3779
이메일 | ky5275@hanmail.net

ISBN  978-89-6423-120-3 03230

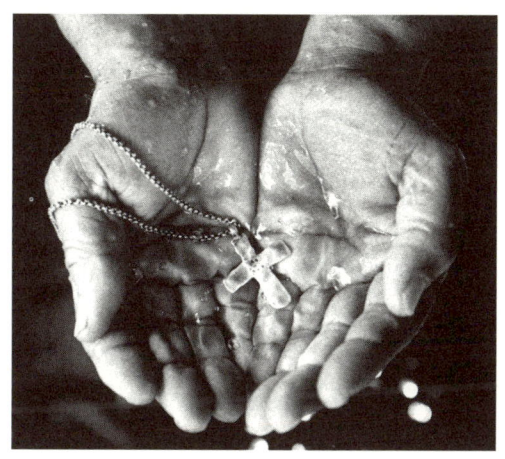

# 멋지게 나이 드는 법 52

LIFE IS AN ATTITUDE: How to Grow Forever Better

크리스천 편

| 이대희 지음 |

작은
씨앗

# 차례

# 차 례

# 주님이 주신 은총을 즐겨라

러시아의 대문호 톨스토이는 인생성공의 비결을 아주 간단하게 조언했다.

"이 세상에서 가장 중요한 때는 지금이다.

이 세상에서 가장 중요한 사람은 지금 당신과 있는 사람이다.

이 세상에서 가장 중요한 일은 지금 당신 곁에 있는 사람을 위해 좋은 일을 하는 것이다."

무슨 말인가? 인생의 행복은 멀리 있지 않다는 말이다. '바로 오늘'에 인생의 성공과 행복의 해답이 있다. 이것은 누구나 할 수 있는 일이다. 이 일을 실천할 수 있다면 누구든지 행복한 삶을 살 수 있고 성공한 인생을 살 수 있다. 이것을 위해서 돈이나 다른 것이 더 필요하지 않다. 바로 오늘 있는 그대로의 삶을 즐기고 최선을 다하면 된다. 그런데 왜 사람들은 이렇게 간단한 인생의 실천원리를 잊고 살아가는가? 그것은 인간의 욕심 때문이다. 죄와 욕심이 들어가면 오늘의 소중한 시간을 무시하게 된다. 그리고 인생을 마칠 때면 이렇게 후회한다. "그때 더 잘할 수 있었을 텐데… 그때 더 잘해 줄 수 있었는데…."

솔로몬은 "우리의 년수가 칠십이요 강건하면 팔십이라(시 90: 10)"고 말했다. 인생은 생각보다 짧다. 미워하고 시기할 여유가 없다. 인생은 순식간에 지나간다. 우리는 나이가 들면서 인생의 무상함을 더욱 많이 느낀다. 이렇게 짧은 인생을 어떻게 하면 멋지게 살 수 있을까? 인생을 잘사는 법을 크리스천 입장에서 조명해 보았다. 후회하지 않는 생애가 되기 위해서 이런 작업은 소중한 것이다. 더 나이가 들기 전에…. 독자들도 필자의 이런 마음을 갖고 이 책을 읽어가면 유익하리라 본다.

어쩌면 이 책은 나를 위한 책이기도 하다. 필자도 점차 나이가 들면서 나를 다시 한 번 돌아보고, 어떻게 하면 남은 생애를 잘살 수 있을까 생각하면서 이 책을 정리했다. 필자나, 이 책을 읽는 독자나 상황은 다를지라도 같은 인생을 살고 있다고 본다. 이런 면에서 필자의 작은 인생 정리가 독자들에게도 도움이 되었으면 한다.

누구에게 지시하거나 명령하는 것이 아닌 함께 인생을 생각해 본다는 측면에서 이것은 의미 있는 시도라 여겨진다. 특히 크리스천 입장에서 인생을 바라보는 것은 세상 사람들의 인생과 다른 점이 있다. 세상에는 인생을 나름대로 잘살았다고 한 수많은 사람들이 있다. 그러나 그런 세상 사람들의 인생보다는 성경에 나오는 인물들의 인생과 그들의 생각을 우리에게 적용하는 것이 더 의미 있다고 본다. 그렇지 않으면 전도서의 기자가 말한 것처럼 인생을 열심히 살고서도 허무하게 마칠 수 있기 때문이다. 인생을 마치며 "헛되고 헛되니 모든 것이 헛되도다"는 탄식을 하지 않기 위해서는 인생을 바르게 사는 법을 터득해야 한다. 『멋지게 나이 드는 법 52-크리스천 편』은 이런 목적을 가지고 썼다.

나는 인생의 지혜를 가르쳐준 성경 구절을 마음에 품고 이 책의 내용을 구성했다. 바로 전도서 3장 9~15절의 내용이다.

사람이 애쓴다고 해서 이런 일에 무엇을 더 보탤 수 있겠는가?
이제 보니 이 모든 것은 하나님이 사람에게 수고하라고 지우신 짐이다. 하나님은 모든 것이 제때에 알맞게 일어나도록 만드셨다. 더욱이 하나님은 사람들에게 과거와 미래를 생각하는 감각을 주셨다. 그러나 사람은 하나님이 하신 일을 처음부터 끝까지 다 깨닫지는 못하게 하셨다.
이제 나는 깨닫는다. 기쁘게 사는 것, 살면서 좋은 일을 하는 것, 사람에게 이보다 더 좋은 것이 무엇이랴! 사람이 먹을 수 있고 마실 수 있고 하는 일에 만족을 누릴 수 있다면 이것이야말로 하나님이 주신 은총이다.

이제 나는 알았다. 하나님이 하시는 모든 일은 언제나 한결같다. 거기에는 보탤 수도 없고 뺄 수도 없다. 하나님이 이렇게 하시니 사람은 그를 두려워할 수밖에 없다. 지금 있는 것은 이미 있던 것이고, 앞으로 있을 것도 이미 있는 것이다. 하나님은 하신 일을 되풀이 하신다. 〈표준새번역〉

인생은 인간의 눈으로 바라보면 어려운 것이지만 하나님의 시야에서 보면 그리 어렵지 않다. 이 책은 인간의 시야가 아닌 하나님의 시야를 갖도록 하는 데 초점을 두고 썼다. 나이가 들면서 우리는 점차 하나님의 시야로 인생을 보는 법을 터득해야 한다. 이것이 크리스천이 멋지게 나이 드는 법이다. 하나님은 공평하시고 신실하시다. 우리가 볼 때는 문제가 있는 것 같아도 하나님이 보실 때는 전혀 문제가 없을 수 있다. 하나님은 인간을 만물의 영장으로 만드셨지만 그렇다고 모든 것을 다 알게 하지는 않으셨다. 잘 이해가 안 된다 하더라도 오늘 허락하신 시간에 감사하고, 오늘 만나는 누군가를 사랑하고, 오늘 맡겨진 일에 최선을 다하면 된다. 그것을 하나님의 은혜라고 생각하고 감사하며 즐겁게 산다면 나이가 든다고 해서 문제 될 것이 없다. 오늘 먹을 것과 마실 것과 입을 것이 있으면 그것이 곧 행복이다. 조금 부족하다 하더라도 그 부족함을 통해서 하나님을 신뢰하고 주님의 도우심을 구하는, 심령이 가난한 사람이 되었다면 이미 그 자체로 그는 더 행복한 사람이 될 수 있다.

이 책은 1년 52주를 염두에 두고 52개의 장으로 구성하였다. 각 장의 마지막에는 독자들이 잠시 자신을 돌아보면서 생각할 수 있는 묵상질문과 도움이 될 만한 짧은 제언들을 제시하였다. 독자들은 처음부터 순서대로 읽을 수도 있지만 가장 공감되는 부분을 골라서 그 부분부터 읽어도 무방하다. 책을 읽으면서 떠오르는 자신의 생각을 마지막에 덧붙여도 좋을 것이다.

이 작은 책이 독자 여러분의 인생에 즐거움과 소망을 주는 활력소가 되었으면 한다. 지쳤던 부분이 있으면 이 책을 통하여 다시 힘을 얻고, 혹시 인생이 꼬여 갈팡질팡하는 상황이라면 매듭을 풀고 다시 시작하는 시간이 되면 좋겠다. 부디 하나님이 주신 은총의 시간들을 소중하게 가꾸어 주님께 드리는 산 제사의 삶이 되기를 기도한다. 나이가 들수록 하나님의 은혜 속에 더 깊게 들어가는 즐겁고 행복한 하루가 되길 바란다.

저자 이대희

# Part 01

## 나이 드는 것은
## 멋진 일이다

# 01

## 멋지게 나이 드는 법을
## 아는가?

"생각보다 나이가 많이 들어 보이시네요."

우리는 주변 사람들에게 이런 소리를 들을 때면 기분이 별로 좋지 않다. 왜 그럴까? 그것은 아마 나이가 드는 것이 부정적으로 인식되었기 때문일 것이다. 나이 드는 것이 추한 것이라는 생각은 인간을 육적으로만 바라보거나 인간이 성장해가는 과정을 잘 이해하지 못했기 때문이라 볼 수 있다.

어떤 것이 진정한 멋인가? 그중에 하나가 자연스러움이다. 꾸미지 않고 있는 그대로를 잘 가꾸는 것이 진정한 멋이다. 진정한 멋쟁이는 있는 그대로를 자연스럽게 잘 드러낸다. 거기에 멋이 있고 그런 멋은 사람들의 마음을 움직인다. 20대는 20대의 멋이 있고, 40대는 40대대로, 60대는 60대 그 나름대로의 멋이 있다. 그 나름의 멋을 살리는 것이 진정한 아름다움이다. 젊어 보이기 위해서 나이가 들었음에도 정열적인 빨간 옷을 입거나 젊은이들이 입는 옷을 입는 사람들을 가끔 본다. 물론 그것도 나름대로 멋이겠지만 애써 젊게 보이려고 하는 것은 오히려 더 어색할 수 있다. 있는 그대로의 모습과 특징을 잘 살려 가꾸는 것이 진정으로 멋있는 것이 아닐까?

인간이 나이가 든다는 것은 자연스러운 일 중에 하나다. 그것을 그대로 받아들인다면 거기서부터 멋이 풍겨 나올 것이다. 인간은 태어난 순간부터 나이를 들어간다. 누구에게나 닥치는 필연적인 사건이다. 추한 것이 아닌 아름다운 순리이다. 젊은이들이 입은 청바지가 낡고 허름하고 심지어 찢겨진 것을 볼 때가 있다. 나중에 안 것이지만 그들은 일부러 그런 옷을 즐겨 찾는다. 오래된 낡은 바지를 멋으로 생각하기 때문이다. 늘 청정한 모습이라면 그것은 오히려 모조품일 가능성이 있다. 때가 되면 나이가 들고 나이 든 모습으로 변해야 한다. 그것이 살아 있는 인간의 모습이다. 사람이 나이 드는 것을 자연스러운 일상의 일로 받아들이면 그것은 추함이 아닌 아름다움이 된다.

마치 봄에 돋아나는 푸른 잎사귀가 가을이 되면 단풍이 들고 낙엽이 되어 떨어지는 것처럼 말이다. 가을이 되면 그런 아름다운 모습을 보려고 수많은 인파가 명산에 모인다. 푸른 잎사귀를 보려고 사람들이 몰려드는 일은 거의 없다. 그러나 단풍이 들면 곧 떨어지는 마지막의 아름다움을 보려고 그 짧은 기간을 기다리는 사람들은 많이 있다. 인생도 이와 같다. 있는 그 모습을 그대로 받아들이면서 살아간다면 나이 드는 것은 멋지고 아름다운 일이다.

나이가 드는 것을 늙어간다고 생각하기보다 인생을 점차 알아가고 성숙해가는 과정이라고 생각하면 오히려 아름답다는 생각이 든다. 땅에 씨를 심으면 싹이 나고 줄기가 자란다. 여름이 되면 푸른 잎사귀가 무성하게 감싼다. 가지에 꽃이 피고 가을에는 열매를 맺는다. 겨울이 다가오면 열매는 떨어지고 잎사귀도 말라버린다. 이것이 우리가 보는 식물의 일생이다.

사람이 나이가 드는 것도 이와 같다. 봄 여름 가을 겨울은 그 나름대로 멋을 지니고 있다. 그 순간을 즐기고 각자의 의미를 드러내면 거기에서 우리는 아름다움을 경험하게 된다. 나이가 든다는 것을 슬퍼하지 말고 감사하며 살아가자. 하나님의 섭리로 받아들이고 주어진 과정을 마음껏 즐기자. 그러면 오늘도 멋지고 행복한 하루가 될 것이다.

멋은 꾸밈이 없는 자연스러운 상태에서 나온다. 그럴싸하게 포장된 멋은 오래가지 못한다. 그것은 인위적인 것으로 나중에는 오히려 아름답게 꾸민 만큼 추한 법이다. 하나님께서 만드신 작품은 자연 그대로의 모습이다. 그것은 하나님께서 세상을 만드시고 "보시기에 좋았다"라는 평가대로 아름다운 것이다. 사람이 나이가 드는 것은 창조질서의 법칙이다. 그것을 그대로 받아들이고 그 속에서 나름의 가치를 발견하면 그것이 멋있는 것이다. 억지로 되돌리려 하거나 빨리 나아가려고 하는 것은 부자연스럽다. 나이의 가치를 찾아서 그 나이의 꽃을 피우면 된다. 특히 마지막에는 천국에서 영원한 꽃을 피운다고 생각하면 인생을 사는 것이 그저 감사할 뿐이다.

### 자신의 오늘과 미래의 모습을 그려 보자.

• 지금 나의 나이에 맞게 살아가는 것이 무엇인지를 생각해 보자.

• 지금 나의 모습은 스스로 보기에 어떤 모습인가?

• 지금으로부터 10년 후의 모습과 세상을 마칠 때 나의 모습은 어떨지 상상해 보자.

• 더 나은 미래를 위해 나는 지금 무엇을 해야 할까?

## 02

# 오래된 바이올린일수록
# 소리가 더 아름답다

'악기의 여왕'이라 불리는 바이올린은 사람의 목소리를 모델로 삼아 만들어진 악기로 여자의 몸매를 연상하는 부드러운 곡선을 지니고 있다. 현존하는 바이올린 중에서 가장 오래된 바이올린은 몇 년이나 되었을까? 이탈리아 크레모나의 안드레아 아마티 (Andrea Amati : 1511~1580년경)가 만들어 프랑스 궁전에 납품한 1562년제 바이올린으로 유럽의 박물관에 보존되어 있는데 무려 450년 가까이 된다.

오래된 바이올린에서 나오는 소리는 영혼을 울리는 아름다움이 있다. 겉모습은 골동품으로 볼품이 없을지라도 이런 바이올린의 소리는 수많은 사람들의 가슴을 울린다. 왜 오래된 바이올린의 소리가 더 아름다울까? 그것은 오랫동안 소리가 다듬어졌기 때문이다. 갓 만들어진 바이올린은 생소리를 낸다. 그러나 오래 길들일수록 깊은 소리가 난다. 물론 오래된 것이라고 다 좋은 것은 아니다. 오랫동안 마냥 방치하기만 하면 형편없는 고물이 된다. 그러나 쉬지 않고 오랫동안 소리를 내고 길들일 때 천상의 소리를 내는 명품 바이올린이 된다.

사람이 나이가 드는 것은 오래된 바이올린이 되는 것과 같다. 인생을 갈고 다듬으면서 나이 들어가는 것은 분명 아름다운 일이다. 명품인생은 나이가 들면서 만들어진다. 사람의 가치는 외모가 아닌 내면에 숨겨져 있는 영혼에 있다. 몸은 나이가 들면 점점 쇠퇴해진다. 그러나 속에 있는 영혼은 날로 새롭게 될 수 있다. 사람의 인격은 젊을 때는 아무래도 어설프다. 그러나 나이가 들면서 인격은 성숙되고 존경받게 된다. 인격은 나이가 들면서 만들어진다.

나이가 들어가는 것을 생각하면 갑자기 슬퍼지는 이유는 무엇일까? 흰머리가 하나둘씩 생기는 것을 발견할 때마다 우리는 나이가 들어감을 느끼게 된다. 물론 나이가 들어가는 외적인 모습을 생각하면 인생이 슬퍼 보일 수 있다. 그러나 인간의 내면은 그렇지 않다. 우리는 때때로 사람들에게 상처를 주고 자만했던 자신의 젊은 시절을 떠올리면서 부끄러울 때가 있다. 그러나 나이가 들면서 남을 배려하고 참고 인내하며 겸손한 사람이 되었다면 그것은 아름다운 일이다. 오히려 나이가 들었기에 이전과 다른 인생이 될 수 있다.

그저 흘러가는 세월을 따라 나이만 들었다면 그것은 퇴물 인생이다. 시류에 흘려 이리저리 시간만 보내는 사람은 나이가 들면 더욱 슬퍼진다. 그가 자랑한 것은 오직 젊음 하나였기 때문이다. 그러나 시간이 가면서 인생의 깊이를 알고 자신을 다듬어 가는 시간을 보내는 사람에게 나이 드는 것은 결코 부끄러운 것이 아니다. 오히려 원숙하고 온전해진다는 의미가 있다. 날카롭고 둔탁한 소리로 사람들을 피곤하게 했던 젊은 시절과 다르게, 나이가 들면서 주변 사람들에게 감동을 주는 아름다운 소리를 낸다면 나이가 드는 것은 분명 멋있는 일이다.

사람이 나이가 드는 것은 누구도 막을 수 없다. 얼굴의 모습이 달라지고 주름이 하나씩 느는 것은 모든 사람이 동일하게 겪는 인생의 과정이다. 그러나 동일하지 않는 것이 하나 있다. 바로 내면의 소리를 다듬는 일이다. 나이가 들수록 우리는 한 가지를 터득해야 한다. 마음과 목숨과 뜻을 다하여 하나님을 사랑하고 이웃을 우리 자신처럼 사랑하는 일이다. 나를 잘 다듬어서 그 모습으로 하나님과 이웃을 사랑하는 사람이 된다면 이보다 아름다운 인생은 없다. 나이가 들면서 자신보다 하나님과 이웃에게 가까이 가는 사람이 된다면 그 나이는 죽어가는 나이가 아닌 영원히 사는 나이가 되는 것이 아닐까?

**이렇게 해보자.**

- 아직 나만의 소리를 찾지 못했다면 지금이라도 기도하면서 그 소리를 찾아보자.

- 바이올린은 자신을 위해 연주하지 않는다. 마찬가지로 나에게 있는 천상의 소리는 하나님과 이웃을 위해 사용되어야 한다. 하나님과 이웃을 위한 연주회를 계획해 보면 어떨까? 그것을 위해서 나는 어떤 준비를 해야 하는지 생각해 보자.

- 나에게 주어진 시간을 하나님의 달란트를 계속 계발하는 시간으로 삼고 그것을 위해 최선을 다하면서 살아가도록 하자. 멋진 인생의 연주회를 꿈꾸며 지금부터 차근차근 준비해보자. 지금도 늦지 않았다. 바로 시작하라.

# 03

# 인생은 보통 칠십이요
# 강건하면 팔십이다

"인생은 보통 칠십이요 강건하면 팔십이다"라는 말은 시편에
나오는 모세의 기도 내용이다.

"우리의 년수가 칠십이요 강건하면 팔십이라도 그 년수의 자랑은 수
고와 슬픔 뿐이요 신속히 가니 우리가 날아가나이다"(시 90:10)

요즘은 여러 가지 환경이 좋아져 평균연령이 높아졌지만 그래
도 구십 정도면 대부분 인생을 마친다. 인생은 짧다. 날아가는 새
처럼 금방 지나가는 것이 인생이다. 이런 인생의 모습을 안다면
사는 것이 한결 편하다. 부질없는 것에 그렇게 욕심을 부리며 아

등바등하지 않을 것이다. 별것 아닌 일에 잠 못 이루고 마음 상해 하면서 분노하지도 않을 것이다. 이런 일에 시간을 허비하는 사람들은 모세의 기도의 깊은 의미를 아직 알지 못한 사람들이다. 순식간에 날아가는 시간 속에서 산다고 생각하면 삶이 달라진다. 중요한 일을 먼저 하게 될 것이고 부수적인 것에 그렇게 안달하지 않을 것이다. 상대방을 이해하고 배려하고 양보하는 일이 한결 쉬울 것이며, 사랑하고 나누고 이해하는 데 힘쓸 것이다.

100년도 살지 못하는 짧은 인생 속에서 지금 무엇을 해야 할지 분명한 답이 나온다. 인생의 삶이 아무리 고통스러워도 그것은 100년을 넘기지 못한다. 때때로 사는 것이 너무 힘들어서 스스로 목숨을 끊는 사람들이 있다. 그러나 그것은 아직 인생을 잘 몰라서 그렇다. 인생의 시간은 겨우 70세에서 80세 정도다. 이것을 기억한다면 우리는 어떤 어려움도 이길 수 있다. 결코 긴 인생이 아니다. 아무리 큰 고통이라도 그 시간은 충분히 이겨낼 수 있다. 설사 고통 중에 산다 해도 살아 있다는 것만으로도 감사한 일이다. 살아 있는 개가 죽은 사자보다 낫다고 하지 않았는가. 살아 있다는 것 자체가 행복이다. 이 진리를 깨닫게 되는 순간 우리는 주어진 일에 감사하며 있는 그대로를 받아들이게 된다.

지금 당하는 어려움과 고통을 즐기면서 그 안에서 행복을 느껴라. 그 비결을 터득하라. 그렇게 살게 하신 것도 하나님의 뜻이다.

거기에는 선한 뜻이 담겨져 있다.

길지 않은 짧은 인생임을 기억하라. 그렇게 생각하면 태어난 것도 감사하고, 이렇게 살아가는 것 자체가 감사하다. 생명은 하나님께 속한 것이다. 태어난 것도 죽는 것도 내 마음대로 하지 못한다. 오늘 주어진 시간을 감사하면서 살아가자. 그래도 힘들거든 하나님의 나라를 바라보라. 그러면 오늘을 사는 시간이 힘들지 않을 것이다.

"생각건대 현재의 고난은 장차 우리에게 나타날 영광과 족히 비교할 수 없도다"(롬 8:18)

영원한 하나님의 나라를 바라보면서 살아가면 고난의 시간은 아주 짧게 느껴질 것이다. 이 말씀을 묵상하면 어떤 고난도 충분히 이길 수 있다.

사람들의 겉모습에 속지 마라. 그들의 겉모습은 평안해 보일지 몰라도 그 속은 우리와 다를 바 없다. 오히려 더 큰 아픔이 있을 수 있다. 사단의 속임수에 더 이상 속지 마라. 나만 힘들다고 생각하지 마라. 모두가 힘든 삶을 살아간다. 다만 표현하지 않을 뿐이다. 죄악 가운데 사는 이 세상의 삶은 어차피 모두 수고로운 인생이다.

혹시 나이가 들어가는 것을 느낄지라도 그것에 대해 슬퍼하지 마라. 나이가 든다고 생각되는 것은 나의 삶이 70~80세 정도임을 깨닫게 하는 의미 있는 시간이다. 자신의 본질을 돌아보게 하는 것이 나이다. 내가 어디까지 와 있는지 현재를 돌아보게 하는 것이 나이다. 마치 지금 몇 시인가를 보려고 시계를 쳐다보는 것과 같은 것이다. 그 시간을 통하여 남은 시간을 계산하고 일의 우선순위를 정하듯이 나이를 생각하는 그 시간을 통해 나의 남은 생애를 살펴보는 것이다. 크리스천의 인생의 시간은 끝나는 시간이 아닌 계속되는 시간이다. 우리에게는 영원한 하나님의 나라가 있다. 그 소망을 가진 사람은 나이를 초월하여 살아갈 수 있다.

정말 나의 인생이 짧은 것이라고 생각한다면 주어진 시간에 하나님을 더욱 사랑하고 이웃에게 사랑을 베풀자.

### 나를 다시 돌아보자.

- 지금 나의 나이는 몇인가? 그 나이는 시간으로 치면 몇 시와 같은가?
- 내게 남은 시간은 얼마인가? 지금까지 나의 삶을 점검해 보고 앞으로 할 일을 계획한다면 어떤 일인가?
- 오늘 내가 사랑을 베풀어야 할 사람의 이름을 적어 보자.

# 04

## 사명을 갖고 살면
## 나이 드는 것도 즐겁다

'만년'이라는 글자는 한자로 두 가지 의미가 있다. '만년萬年'
은 언제나 변함없이 한결같은 상태를 의미하고 '만년晩年'은 나이
가 들어 늙어가는 시기를 말한다. 이 두 단어를 하나로 묶어 보았
다. 우리가 꿈꾸는 '만년'은 언제나 변함없이 한결같은 마음을 가
지고 나이가 들어가는 모습이다. 이렇게 인생을 살면 얼마나 아
름다울까?

변함없이 하루하루를 즐겁게 살아가기 위해서 필요한 것이 인
생의 목표, 즉 사명이다.

어차피 인생은 마지막을 향해 간다. 하루가 지나면 다음날이 온

다. 일과가 끝나면 잠을 자고 또 아침에 일어나 일을 하고 밤에 잠자리에 눕는다. 이렇게 80년을 반복하다가 어느 날 인생은 끝이 난다. 왜 이렇게 반복하면서 정해진 시간을 향해 가는 것일까? 그렇게 해서 이루고자 하는 것은 무엇인가? 무의미한 반복인가? 아니면 어떤 목적이 있는 반복인가?

이것을 한번 곱씹어 보고 하루를 살면 하루의 삶이 행복할 것이다. 설사 조금 어려운 일이 닥쳐도 잘 이길 수 있을 것이다.


등산을 하다 보면 계단으로 만들어 놓은 코스를 오를 때가 있다. 계단이 많을수록 높은 산이 기다리고 있다. 그리고 그 계단을 잘 올라가야만 정상에 이른다. 정상에 오르면 산 아래 펼쳐진 모습들이 한눈에 보인다. 확 트인 모습에 가슴까지 시원하다. 그런 기분을 맛보려고 그렇게 많은 계단을 딛고 올라온 것이다. 모든 계단은 정상을 향해 있다. 정상이 없다면 계단은 의미가 없다. 그러나 정상이 있는 한 계단은 나름대로 가치가 있다.

인생도 이와 같다. 정상을 향해 한 계단 한 계단 올라가는 것처럼 우리는 나이를 먹는다. 그렇게 인생의 정상에 이르게 된다. 물론 중간에 잠시 쉬면서 아래에 펼쳐진 아름다운 전경을 볼 때도 있다. 마치 인생을 살아가면서 중간 중간에 맛보는 즐거움과 같은 것이다. 그러나 그것은 잠시다. 오래 머물 수 없다. 또 땀을 흘리면서 산을 올라간다. 그것이 인생이다. 마침내 정상에 이르러서는 크게 소리를 지르고 땀을 훔친다. 그리고 정상에 오른 시원한 기쁨을 맛본다.

　우리가 반복되는 시간을 지나면서 80년의 인생을 살아간다고 할 때 거기에는 목표가 있다. 그 목표는 사명이다. 사명이 있으면 인생은 즐겁다. 나이가 들어간다는 것은 사명을 이루는 것을 의미한다. 그러나 사명이 없이 한순간을 즐기기 위해서 하루하루를 산다면 허무한 삶이 된다. 시간이 갈수록 조급하고 불안하다.

　하나님이 우리를 살게 하신 것은 우리에게 주신 사명을 이루기 위함이다. 크리스천은 각자 주어진 사명이 있다. 구원을 주신 것은 세상에서 사명을 이루기 위함이다. 천국에 가는 것만이 구원의 목적이라면 이렇게 일찍 구원받을 필요가 없다. 늦게 구원받아도 된다. 그러나 이렇게 일찍 예수를 믿게 한 것은 남은 시간을 주님의 일을 위해 살게 하기 위함이다. 예수를 늦게 영접했다면 우리는 육신을 위해서 사는 시간이 많았을 것이다. 예수를 일찍 믿으면 믿을수록 주님을 위해서 사는 시간이 많아진다.

　목표와 사명 없이 반복되는 시간은 지루하다. 시간 가는 것이 따분하고 허무하다. 나이가 들수록 서글퍼지고, 지난 시간이 자꾸 생각나면서 후회가 닥치는 것은 단순히 나이가 들기 때문이 아니라 사명을 갖지 못했기에 나타나는 현상이다. 사명과 목표를 가지면 나이가 든다고 크게 달라질 것이 없다. 오히려 사명을 이루는 순간에 더 가깝게 가는 것이다. 반복되는 시간이지만 하루가 즐겁다. 그 사명을 이루기 위해서 오늘도 하루를 산다. 한 걸음 한 걸음 내딛으면서 드디어 정상에 이르게 된다. 우리는 그것을 죽음이라고 말한다. 죽음은 꼭 나이가 차야 찾아오는 것이 아니다. 사명이 끝나면 찾아오는 것이 죽음이다. 그래서 나이를 다 채우지 못하고 일찍 하나님의 부름을 받고 가는 사람들이 있다.

사명을 잃으면 그는 이미 죽은 인생이다. 한 가지 기억할 것이 있다. 하나님이 주신 사명을 마치기 전까지는 우리는 죽지 않는다는 점이다. 사명을 이루기까지 하나님은 우리의 생명을 거두어가지 않으신다. 이런 확신을 가지고 오늘 하루를 살아가는 것은 어떨까?

바울은 에베소 장로들에게 고별 설교 중에 이렇게 고백한다.

"나의 달려갈 길과 주 예수께 받은 사명 곧 하나님의 은혜의 복음 증거하는 일을 마치려 함에는 나의 생명을 조금도 귀한 것으로 여기지 아니하노라" (행 20:24)

**나를 한번 돌아보자.**

- 나는 이 시간 예수님께 받은 사명이 있는가?

- 그것을 이루기 위해 하루하루를 살아가고 있다는 확신이 있는가?

## 05

# 나이가 든 만큼
# 행복한 인생을 살아라

나이가 들면서 행복을 더 느낄 수 있다면 얼마나 좋을까? 사람들이 이런 인생의 비결을 알고 산다면 나이 드는 것에 대해 그리 신경 쓰지 않을 것이고 나이 드는 것을 오히려 즐기게 될 것이다. 어떻게 하면 나이가 들면서 행복할 수 있을까?

사람들은 보통 자신이 나이 드는 것을 잘 생각하지 못한다. 적어도 30~40세까지는 자기가 나이 든 것을 인식하지 못한다. 마음은 늘 청춘처럼 살아간다. 열심히 일하고 목표를 이루기 위해서 모든 정열을 바친다. 이런 시간에는 나이가 그리 문제가 안 된다. 젊은이 못지않는 건강과 열정과 집중력이 있다. 그러다가 외적으로 흰

머리가 생기고 힘이 빠지고 눈이 잘 안 보이고 기억력이 쇠퇴해지면 그때서야 내가 나이가 들었구나, 하는 생각을 한다.

나이가 드는 것은 대부분 외적인 모습에서 느낀다. 마음은 누구도 늙지 않았다고 말한다. 영혼은 늙지 않는다. 나이가 들수록 마음과 영혼은 오히려 더 깊어질 수 있다. 나이를 생각하면서 자신이 초라하고 불행하다는 생각을 갖는 것은 오직 육신적인 면만 생각하기 때문이다. 보통 세상 사람들이 이런 생각을 많이 한다. 특히 가진 것이 없거나 병이 들면 이런 현상은 더욱 심하다.

이렇게 보면 크리스천은 세상 사람들보다 행복하다. 그동안의 삶을 육신적인 것만 위하지 않고 나름대로 영혼과 마음에 대해서 영양분을 채웠기 때문이다. 보통 크리스천들은 적어도 주일이 되면 교회에 나가서 예배를 드리면서 마음과 영혼에 대한 내공을 쌓는다. 그것은 당시에는 크게 효과가 없을지라도 시간이 지나면서 힘을 발휘한다. 세상 사람들과 크리스천들과의 차이가 이때부터 벌어지게 된다.

나이 드는 것을 막을 수는 없다. 세월 가는 것을 누가 막을 수 있겠는가? 아무리 얼굴에 화장을 하고 피부 관리를 하고 운동을 하면서 자신을 관리한다고 해도 육신은 점차 쇠하여진다. 노화는 어느 날 갑자기 찾아오기도 한다. 반면에 청춘 같은 얼굴과 건강을 가진 사람들을 가끔 본다. 그들을 보면 부러운 생각이 든다. 그러나 그것은 특별한 경우에 해당된다. 대부분은 시간이 지나면서 육신이 쇠하게 된다. 나름대로 건강을 위해 노력하지만 그것이 그렇게 큰 영향을 주는 것은 아니다. 그것이 그를 행복하게 만들지 않는다. 오히려 사라져 가는 것을 붙잡고 그것에 희망을 거는 안타까움이 배어 있다. 사람에게 중요한 것은 마음과 영혼이다. 그렇게 노력하고 애쓴 육신은 한순간에 사라진다.

나이가 들면서 우리가 행복하게 되는 길은 마음과 영혼을 풍요롭게 하는 일이다. 마음과 생각과 영혼을 가꾸는 일에 시간을 투자하고 관심을 가져야 한다. 그러면 마음과 영혼은 살아난다. 젊은이들이 가질 수 없는 내적인 능력과 힘을 소유하게 된다. 사라지는 것들에 대한 미련을 버리고 오히려 내적인 것에 충만함을 가질 수 있다면 좋은 일이다. 나이가 들면서 그것이 더 이상 나를 지켜주지 못한다는 사실을 알게 된다. 젊은이들은 아직 그것을 모른다. 자신의 젊음과 건강을 믿기 때문이다. 그러나 그것이 나를 지켜주지 못한다는 사실을 알 때 우리는 나이 든다고 말한다. 그것을 알기 전까지는 나이 드는 것을 잘 모른다.

고린도후서 4장 16절에 보면 "그러므로 우리가 낙심하지 아니하노니 겉사람은 후패하나 우리의 속은 날로 새롭도다"는 말씀이 나온다. 멋지게 나이 드는 법을 아주 잘 가르쳐주는 말씀이다. 사람의 힘은 외적인 것이 아닌 내적인 것에 있다. 보이는 육신이 아닌 감추어진 영혼에 있다. 영혼은 늙지 않는다. 무슨 말인가? 우리 안에는 늙지 않는 영원한 힘이 있다. 이것을 사람들은 잘 알지 못한다. 특히 믿음을 갖지 못한 사람들은 이것을 부정하며 산다. 얼마나 안타까운 일인가.

나이가 든다고 낙심할 필요 없다. 겉사람은 나이가 든다 해도 우리 안에 있는 속사람은 날로 청춘을 향해 달려가기 때문이다. 겉사람에 대한 미련을 버리고 이제는 속사람에게 집중하라. 이것이 멋지게 나이 드는 법이다. 세상 사람들은 알지 못하는 비결을 성경이 가르쳐주고 있다. 참 감사한 일이다. 나이가 든 만큼 영혼의 나이를 젊게 하라. 노화되지 말고 성령에 민감한 영혼이 되고 능력을 발휘하는 영혼이 된다면 영혼의 청춘을 맞이하게 될 것이다. 인생의 행복은 거기에서 생긴다. 그렇게 해서 죽음까지 간다 해도 죽음을 뛰어넘는 영원한 삶을 살 수 있다는 것이 얼마나 행복한가? 그래서 "주 안에서 죽는 자들은 복이 있도다(계 14:13)"라고 말하지 않았는가?

**영혼의 나이를 젊게 하기 위해서 이렇게 해보자.**

• 말씀을 그냥 읽는 차원을 넘어 말씀의 단맛을 경험하라.

• 기도의 즐거움을 경험하라. 주님과 대화를 하는 만남의 기도를 가져라.

• 예배를 통하여 하나님의 임재를 경험하라. 주님께 찬양과 경배를 진심으로 드려 보라.

• 교회의 지체들을 사랑하고 그들을 귀하게 여겨라. 하나님을 한 아버지로 믿고 사는 형제자매들을 주님처럼 섬겨라.

• 믿지 않는 사람들에게 복음의 말씀을 전하라.

# Part 02

## 크리스천이
## 멋지게 나이 드는 법

# 06

# 하나님의 나라는
# 나이가 없다

예수님은 이 세상에 오셔서 우리의 보통 수명의 3분의 1 정도인 33세의 짧은 삶을 사셨다. 우리 생각으로 하면 너무 빨리 세상을 떠나셨다. 아무리 믿음대로 살았다 해도 너무 빠른 것 아닌가? 보다 오래 사셨다면 더 많은 일을 하실 수도 있지 않았을까? 하는 아쉬움이 있다. 하지만 그것은 예수님을 인간적으로만 생각했을 때 상상할 수 있는 일이다.

예수님의 제자들 역시 예수님이 가신다는 말을 듣고 마음에 근심을 했다. 그러나 예수님은 제자들에게 "내가 떠나가는 것이 너희에게 유익이라 내가 떠나가지 아니하면 보혜사가 너희에게로 오시지 아니할 것이요 가면 내가 그를 너희에게로 보내리니(요 16:7)"라고 말씀하셨다. 그리고 성령님이 오시는 것에 대해서 이렇게 말씀하셨다. "조금 있으면 너희가 나를 보지 못하겠고 또 조금 있으면 나를 보리라(요 16:16)."

주님이 가신다는 말은 무엇이며 다시 오신다는 것은 무슨 뜻인가? 이것은 예수님이 성령님을 통해서 영으로 우리 안에 거하신다는 것을 의미한다. 예수님이 육신적인 모습으로 세상에 오래 있으면 제한적일 수밖에 없다. 모두에게 동일하게 임할 수 없다. 그러나 성령으로 오시면 모든 사람에게 임할 수 있다. 영으로 우리와 영원히 함께 하실 수 있다.

예수님은 세상의 나라가 아닌 하나님의 나라를 건설하기 위해 오셨다. 우리를 대신해 죽으시기 위해서 육신의 옷을 입고 오셨다. 그리고 사명을 마치시고 죽으셨다. 예수님은 믿는 자에게 영으로 거하신다. 그렇게 함으로 우리 안에 하나님의 나라가 임하게 된다. 누구든지 예수를 믿으면 하나님의 나라가 임한다. 하나님의 나라를 마음에 품으면 그는 영원한 나라를 사는 사람이다. 크리스천은 비록 육신을 입고 살지만 하나님의 나라에서 산다.

예수님처럼 짧은 생애를 산다 할지라도 주님을 믿는 사람은 주님처럼 영원히 사는 것이 된다. 이미 예수를 믿고 사는 크리스천은 세상의 나라를 사는 것이 아닌 하나님의 나라를 사는 사람들이다.

크리스천들은 세상 사람들과 사는 방법이 다르다. 세상 사람들은 이 세상을 바라보면서 산다. 오직 먹고 마시고 입고 자는 것에 관심이 있다. 얼마나 많이 먹고 평안히 누리며 건강하게 살 것인가, 그것으로 성공과 실패를 규정한다. 세상 사람들이 품는 것은 눈에 보이는 물질적이고 육신적인 것이다. 그러나 크리스천은 그들과 다른 삶을 산다. 평강과 희락과 하나님의 뜻을 이루는 일에 관심을 갖고 살아간다. 그것이 하나님 나라의 삶의 방식이다. 이렇게 살아가는 사람에게 나이는 큰 문제가 되지 않는다. 30세든지, 80세든지 그것은 그렇게 중요한 것이 아니다. 우리가 사는 나이는 하나님의 나라 속에서 사는 것이기 때문이다. 이 나이는 영원한 나이다. 늙거나 사라지는 그런 나이가 아니다. 어쩌면 나이가 없다고 보는 것이 좋다. 나이가 있다는 것은 유한한 세상의 이야기다. 그러나 하나님의 나라를 품고 사는 크리스천은 나이가 없다. 하나님의 나라를 소유한 사람은 나이를 초월하여 사는 사람이다. 그렇다고 해서 육신적인 나이를 무시하라는 것이 아니다. 하나님이 생명을 허락하는 세상의 나이에도 의미가 있다. 왜냐하면 그 나이 속에서 해야 할 일이 있기 때문이다. 그것이 하나님이 우리를 세상에서 살게 한 목적이다. 예수님이 육신을 입지 않으셨다면 우리를 위해서 죽으실 수 없으셨듯이 우리가 육신에 거하는 것은 그 기간에 해야 할 일이 있기 때문이다. 이것을 안다면 주어진 육신의 기간에 육신을 위해 살지 않고 생명을 구원하는 일에 시간을 보낼 것이다. 주님이 그렇게 하셨던 것처럼 한 사람이라도 구원하는 일에 나의 남은 생애를 보내는 것이 잘사는 일이다. 하나님의 나라에 대한 소망을 얼마나 가지고 사느냐에 따라 우리는 멋지게 나이 들 수 있다.

알고 있는가? 하나님의 나라에 대한 믿음이 약할수록 육신의 나이에 집착하게 된다는 사실을…. 우리 안에 거하는 하나님의 나라를 바라보자. 그것을 느끼게 해달라고 기도하자. 그러면 나이와 상관없이 늘 청정하게 살 수 있을 것이다.

### 하루를 이렇게 살아가자.

• 우리가 영원히 살 하나님의 나라를 매일 마음속에 그리자.
• 이 세상이라는 나라는 내가 중심이 되지만 하나님의 나라는 주님이 중심이 되는 나라라는 것을 기억하자.
• 주님이 내 안에서 나를 주관하도록 날마다 나를 드리자.
• 주님의 뜻에 순종하고 그것에 의미를 부여하면서 살아가자.

# 07

# 크리스천의 생명은
# 늙지 않는다

예수님을 믿으면 좋은 점이 무엇인가? 예수를 믿으면 건강해지고 부자가 된다고 말하는 사람들이 있다. 예수를 믿으면 하는 일마다 잘된다고 생각하며 하나님의 복을 늘 구한다. 물론 예수를 믿으면 사업에 성공도 하고, 병든 자가 치유함을 받고, 가정에 행복이 주어진다. 그리고 삶이 평안하며 장수할 수 있다. 그러나 모두가 그렇게 되는 것은 아니다. 예수를 잘 믿어도 고난을 당하고 병을 고치지 못하고 죽어가는 사람이 있다. 세상에서 성공을 하지 못하고 그냥 그렇게 인생을 마치는 사람이 있다. 그런 사람은 예수를 잘못 믿은 것인가? 그렇지 않다. 세상에서 잘되는 사람도 있고 평범하게 사는 사람도 있다. 세상 사람들이 볼 때는 중요할지 몰라도 하나님이 보실 때는 그렇게 중요하지 않다. 예수 믿는 핵심은 그것에 있지 않다. 만약 예수 믿는 것을 세상의 가치관과 세상의 복으로만 한정한다면 그것은 아직 제대로 믿은 것이 아니다. 만약 그렇게 된다면 오래 사는 것만이 복이고, 성공하는 것만이 복이고, 건강하게 사는 것만이 복이다. 부자 되는 것만이 복이다. 그렇지 않은 것은 아직 복을 받은 것이 아니다. 성경은 그렇게 말하고 있는가? 그렇지 않다. 만약 그렇다면 예수님은 가장 실패한 사람이다. 예수님의 제자들 역시 실패한 사람들이고 복을 받지 못한 사람들이다. 아직도 예수님의 복음을 제대로 이해하지 못하고 사는 사람들이 많다. 예수 믿는다는 것의 핵심은 세상의 가치관이 아니다.

"하나님이 세상을 이처럼 사랑하사 독생자를 주셨으니 이는 저를 믿는 자마다 멸망치 않고 영생을 얻게 하려 하심이니라"(요 3:16)

이 구절은 잘 알려진 내용으로 성경의 핵심을 잘 정리해 주고 있으며 복음을 한마디로 요약해주고 있다. 이 구절의 핵심은 예수를 믿는다는 것은 영생을 얻는다는 데 있다는 것이다. 예수를 믿으면 좋은 점은 생명을 얻는 것이다. 예수를 믿으면 하나님께 생명을 선물로 받는다. 우리는 이것을 구원이라고 말하고 영생을 얻었다고 말한다. 그런데 이 축복을 제대로 이해하는 사람들이 그리 많지 않은 것 같다. 지금도 이미 생명을 얻었으면서도 생명보다 더 큰 것이 없나 하고 기웃거리는 크리스천들이 많기 때문이다. 어쩌면 그들은 진정한 크리스천이 아닐 수도 있다. 아니면 아직 확신이 부족하기 때문일 수도 있다.

세상 사람들은 나이 드는 것에 대해서 두려움을 가지고 젊어 보이기 위해서 투자를 많이 한다. 젊어 보이는 성형 기법을 총동원한다. 물론 그렇게 하면 사회생활에 어느 정도 자신감을 가질 수 있다. 그러나 그것에 너무 관심을 두면 우리의 속사람은 빨리 늙게 된다는 사실을 알아야 한다. 적당하게 관리하는 차원이면 될 것이다. 그것보다 더 중요한 것은 우리 속에 생명이 있다는 것이다. 세상 사람들은 진정한 의미의 생명이 없다. 그런 이유로 어떻게 하든지 겉모습을 살려 보려고 애를 쓴다. 그들에게는 당연한 일이다. 그러나 생명을 받은 사람은 육신의 나이를 넘어서 삶을 사는 특권을 받았다. 육신의 나이는 어쩔 수 없이 시간이 가면서 늙어간다 해도 우리 안에 있는 생명은 늙지 않는다는 사실을 기억해야 한다. 내 속에 있는 생명의 가치를 안다면 생기가 솟구치게 될 것이다. 운동으로 얻을 수 없는 놀라운 힘이 생기게 된다. 마음에 기쁨과 영생의 즐거움이 나를 감싸면 생기가 넘치는 삶을 살 수 있다. 나이를 잊고 살아가게 될 것이다.

뿌리 깊게 생명을 가진 나무라 할지라도 겨울을 거치면 풍성한 잎사귀가 떨어지면서 앙상한 가지만 남는다. 죽은 나무처럼 볼품없게 된다. 그러나 봄이 오면 나뭇가지에 다시 푸른 싹이 돋아오른다. 왜 그런가? 생명이 있기 때문이다. 죽은 고목은 아무리 봄이 온다 해도 싹이 나지 않는다. 나무의 가치는 생명에 있다. 생명이 있는 나무는 설사 죽은 고목처럼 늙어버린 모습을 지녔어도 때가되면 그 생명을 발휘한다.

언젠가 가족들과 같이 양평에 있는 용문산에 간 일이 있었다. 거기에는 족히 500년은 되었다는 나무가 있었다. 그 나무가 그렇게 오랜 세월 죽지 않고 건장하게 살 수 있는 것은 바로 뿌리 속에 숨어 있는 생명력 때문이다. 500년을 지속하는 나무의 생명력을 보면서 이런 생각을 해 보았다. 우리에게는 나무보다 더 큰, 영원히 살 수 있는 생명이 있다. 모든 크리스천들에게 주어진 하나님의 축복이다. 죽어도 영원히 사는 생명을 나는 얼마나 감사하면서 살아가고 있는가? 이것을 안다면 세상의 나이를 초월하여 살 수 있을 것이다. 이렇게 보면 크리스천이 된다는 것 자체만으로도 세상에서 가장 멋있는 삶을 사는 것이라 말할 수 있다. 나 자신에 대해서 이렇게 외쳐 보자.

"영원히 늙지 않는 사람이여, 그대는 행복한 사람이다."

## 다음을 감사하자.

- 예수 믿은 것이 얼마나 큰 복인가?
- 나는 이미 가장 큰 축복을 받은 사람이다. 세상에서 조금 얻고 못 얻고는 문제가 되지 않는다. 내 안에 있는 예수의 생명을 생각하며 감사하자.
- 이렇게 소중한 생명의 복을 이제 다른 사람에게도 나누어주면서 살아가는 방안을 계획해 보자.

# 08

## 행복상대성원리를
## 적용하라

 

 

천재과학자 아인슈타인은 우주의 법칙을 자기만의 공식으로 풀어서 설명을 했다. '상대성원리'라고 불리는 그것은 $E=mc^2$의 공식이다. E는 에너지로 힘을 말한다. m은 질량으로 변하지 않는 보이는 물체를 의미한다. c는 시간과 속도로 가속도를 계속 더해 갈 수 있다. 정리하면 힘은 물체에 속도를 가할 때 생기는 것이라는 의미다. 질량은 절대적이지만 속도는 상대적이다. 속도는 계속 변할 수 있다. 시간의 속도를 어떻게 가하느냐에 따라 힘은 다르게 나타난다. 이것은 시간의 상대성을 말하는 것이다. 사람마다 다 같은 시간이지만 생각하기에 따라 시간은 달라진다. 이런 점에서 시간은 상대적이다. 아인슈타인은 시간의 상대성을 사랑하는 이야기 비유를 통해서 설명하고 있다. 사랑하는 사람과 같이 있으면 시간은 **빨리** 간다. 그러나 지겨운 사람과 같이 있으면 시간은 느리게 가는 것처럼 느껴진다. 분명 같은 시간이라도 사람의 느끼는 바에 따라 다르다. 우리의 경험상으로 동감하기에 충분히 이해가 가는 이야기다. 우리가 미처 생각하지 못한 세계를 수학적 공식으로 규명해 냈다는 것이 천재과학자다운 발상이다.

과학에서나 말할 수 있는 난해한 '상대성원리'이지만 이것은 실제생활의 다양한 곳에 모두 적용될 수 있다. 우리의 나이에도 적용해 볼 수 있다.

'행복상대성원리'의 공식을 정리하면 $H(happy) = B(body) \times S(spirit)^2$ 이다.

사람은 육신과 영혼으로 이루어져 있다. 육신에 속한 것은 나이를 말한다. 육신은 크게 변하지 않는다. 나이가 들면 얼굴 등은 변하지만 전체 육신의 모습은 크게 변하지 않는다. 오히려 시간이 지나면서 육신의 힘은 쇠퇴한다. 사람의 육신은 플러스가 아닌 마이너스가 된다. 그래서 나이가 들면 사람들은 육신의 쇠퇴를 느낀다. 물론 육신적인 존재로만 보면 사람은 분명 약한 모습을 향해 달려간다. 거기서 행복을 느끼기란 어렵다. 그러나 사람은 육신적인 존재만은 아니다. 영과 육이 함께 존재한다. 나이가 들면서 육신은 마이너스가 되지만 우리의 영혼은 날로 새로워지면서 플러스가 될 수 있다. 육신만 생각하면 점차 약해지고 볼품없게 된다. 거기서는 행복은 찾을 수 없고 허무한 생각만 든다. 그러나 영혼을 생각하면 지금보다 더 행복해질 수 있다. 나이가 들수록 우리는 육신보다 영혼에 대한 영역을 높여 나가는 것이 필요하다. 육신은 점차 마이너스로 사라지지만 영혼은 플러스행진을 계속할 수 있기 때문이다. 노력하기에 따라 영혼은 강하게 될 수 있다. 그렇게 되면 오히려 젊을 때보다 더 행복한 중년 이후의 삶을 살 수 있다. 동물은 시간이 지나면 노화되면서 아무 쓸모 없게 된다. 그러나 인간은 그렇지 않다. 몸은 노화된다 해도 영혼은 노화되지 않는다. 날로 새로워지고 독수리처럼 날아오르는 청춘을 유지할 수 있다. 영감을 높이고 영적인 일에 더욱 힘을 쓰면 나이가 들어도 젊은 사람 못지않게 행복한 사람이 될 수 있다. 어떻게 생각하느냐에 따라 전혀 다른 인생을 살 수 있다.

똑같이 나이를 먹었다고 다 같은 나이는 아니다. 지금부터라도 우리 안의 영혼을 새롭게 일깨워라. 그것을 강화시키고 그것의 수치를 높여가면 엄청난 힘을 발휘할 수 있다. 나이가 들어가면서 우리가 더욱 관심을 갖고 계발해야 할 부분이 있다면 그것은 눈에 보이는 것이 아닌 보이지 않는 영역이다. 이렇게 되면 나이가 들면서 더 멋있는 사람이 될 수 있다. 나이가 들수록 영혼으로 승부하라. 말씀과 기도를 통해서 나의 영혼을 정직하게 하고 거룩하게 가꾸어라. 그러면 우리의 행복은 배가될 것이며 놀라운 에너지가 우리 안에서 분출할 것이다. 이렇게 되면 자연히 우리의 육신도 더욱 힘을 갖게 될 것이며 노화가 더디게 될 것이다. 영혼이 건강하면 육신에게 영향을 준다. 오늘부터 '행복상대성원리'를 나에게 적용해 보자.

**이렇게 실천해 보자.**

- 나의 영혼을 생각하면서 그것의 가치를 높이는 방법을 찾아보자.
- 말씀을 깊게 읽고 연구하는 시간을 가져라.
- 기도에 힘쓰고 모든 생활 속에서 주님의 임재를 느끼도록 하라.
- 하나님이 주신 나의 은사와 사명을 찾아보고 그 일에 시간을 투자하자.
- 하나님이 주신 지혜를 사모하고 그것을 극대화하라.

# 09

## 하루를 천 년처럼
## 살아라

하나님을 믿는 사람과 그렇지 않은 사람은 살아가는 방식이 다르다. 크리스천들은 하나님을 알아가면서 하나님의 관점으로 변화된다. 특히 시간을 보는 생각이 달라진다. 이것은 나이를 보는 것과도 관계가 있다.

"주께는 하루가 천년 같고 천년이 하루 같은 이 한가지를 잊지 말라"
(벧후 3:8)

주님이 보시는 시간은 하루가 천 년 같고 천 년이 하루 같다. 인간이 볼 때는 짧은 것이지만 하나님이 보실 때는 길 수 있다. 이것이 크리스천들이 생각하는 시간관이다. 이미 정해진 것이지만 사람의 생각에 따라 시간은 전혀 다르게 다가온다.

인생을 어떻게 생각하고 바라보느냐에 따라 삶의 모습이 다르다. 인생은 길다면 길고, 짧다면 짧다. 혹시 시간이 얼마 없다고 생각되면 지금부터라도 하루를 천 년처럼 생각하고 살면 된다. 이것이 짧은 인생을 길게 사는 법이다. 반면에 고통의 기간이 너무 길어 그것을 이기기 어렵다고 생각되면 천 년을 하루처럼 살면 행복하다.

이런 삶의 방식을 배우기 위해서는 육신보다 마음을 풍요롭게 해야 한다. 천 년이 하루 같고 하루가 천 년 같은 것을 자유롭게 적용할 수 있는 것은 육신이 아니라 영혼과 마음으로 가능하다. 사람의 마음이 황폐하면 이런 시간법을 적용하지 못한다.

지금 고난을 이기는 길은 고난에서 벗어나는 것이 아니다. 고난을 짧게 하는 법을 터득하는 것이다. 오늘 하루를 행복하게 하는 길은 오늘의 시간을 천 년으로 만드는 것이다. 천국에서 영원히 사는 것처럼 오늘을 살아가면 하루는 완전히 새로운 삶이 된다. 제한된 육신으로는 늘 그대로인 것 같지만 하나님이 주신 마음과 영혼으로 바라보면 오늘을 새롭게 창조할 수 있다. 지금이라도 하루를 천 년으로 만드는 지혜를 배우자.

## 하루를 천 년으로 만드는 방법

• 말씀과 기도를 통해 하나님의 은혜에 흠뻑 젖는다.

• 오늘을 주신 하나님께 감사하며 찬양과 경배를 드린다.

• 오늘 만나는 사람이 마지막일 수도 있다고 생각하고 만난다. 그러면 그 사람이 무척 소중하게 생각되며 그 시간이 천 년같이 귀한 시간이 된다.

• 내 마음속에 하나님의 나라를 이루면서 살아간다.

# 10

# 인생을
# 은혜로 가꾸어라

　우리 가족이 아끼는 화초가 하나 있다. 어느 목사님이 선물로 주신 화초인데 아주 잘 자란다. 집안에 산소를 공급하는 푸른 잎사귀와 가끔 피는 아름다운 꽃은 보기만 해도 마음을 행복하게 만드는 힘이 있다. 그것을 보면서 나도 저렇게 남에게 유익을 주면서 살면 좋겠다고 생각해 볼 때가 있다. 그런데 여러 가지 바쁜 일 때문에 화초를 돌보지 못하고 내버려 두면 잎사귀가 시들어 말라 버리게 된다. 물을 주기적으로 주지 못하면 나무가 힘을 못 쓰고 잎사귀가 이내 떨어진다. 주인의 돌봄을 받지 못하면 아무리 화려한 화초라도 얼마 가지 못해 죽게 된다.

내가 살아가는 것을 보면 기적이라는 생각이 들 때가 많다. 고속도로에서 긴장을 늦추고 운전하다가 옆 차와 충돌 직전에 맞닥뜨릴 때가 있다. 순간적으로 나도 모르게 핸들을 틀어서 간발의 차이로 옆 차가 지나가는 모습을 보노라면 가슴이 철렁한다. 분명히 뒤를 살피고 후진하는데 갑자기 작은 아이가 옆으로 튀어 나가는 것을 경험할 때도 있다. 이렇게 "하나님 감사합니다" 하고 기도를 드릴 때가 한두 번이 아니다. 이런저런 위기의 순간을 이야기하려면 끝이 없다.

아무리 내가 분명하게 확인하고 일을 정확하게 처리한다고 하더라도 순간적으로 실수할 때가 많다. 그것은 인간이 노력한다고 되는 것이 아니다. 특히 생명이 오가는 실수를 함에도 오늘 내가 존재하는 것을 생각하면 '내 힘으로 사는 것이 아니구나' 하는 혼잣말이 절로 나온다. 세상 사람들은 이것을 "운이 좋았다"고 말하겠지만 크리스천은 하나님의 은혜로 생각한다. 이런 것을 경험하면서 어떻게 내 힘으로 살아간다고 말할 수 있는가? 감히 그럴 수 없다. 매일 하나님께 의지하면서 겸손하게 하루를 살아갈 뿐이다. 지금까지 인생을 살아오면서 느끼는 나의 작은 결론이다.

사람은 자기 힘으로 산다고 하지만 그렇지 않다. 집안에 있는 화초가 스스로 살 수 없듯이 우리 인생도 하나님께서 돌보지 않으시면 한순간도 존재할 수 없다. 이렇게 생각하면 인간은 오직 하나님의 은혜로 사는 존재다.

매일 하나님의 은혜로 나를 만들어간다. 하나님의 은혜로 나를 곱게 만들어가고 있는 것이다. 아침에 이슬이 소리 없이 내리듯이 하나님의 은혜가 우리에게 임할 때 우리는 날마다 성장하며 살아간다. 삶이 언제 행복한지 아는가? 이런 은혜로 산다는 것을 깊게 느낄 때다. 그런 사람은 감사와 찬송이 저절로 나온다.

바울은 이렇게 고백했다.

"그러나 나의 나 된 것은 하나님의 은혜로 된 것이니 내게 주신 그의 은혜가 헛되지 아니하여 내가 모든 사도보다 더 많이 수고하였으나 내가 아니요 오직 나와 함께하신 하나님의 은혜로라"(고전 15:10)

우리도 이런 고백을 하면서 하루를 살아가야 할 것이다. 하나님의 은혜로 살아가는 하루가 된다면 모든 것이 감사하다. 만나는 사람이 다 아름답다. 눈으로 보고 만져지는 자연만 생각해도 고마울 뿐이다. 하늘의 태양과 밤하늘의 별과 달이 나를 위해 비추는 것으로 생각되며 감사가 저절로 나올 것이다.

오늘 하루도 하나님의 은혜로 산다는 것을 느끼면 모두가 사랑스럽고 미워할 사람은 없을 것이다. 내가 오늘 존재하는 것 자체가 하나님의 은혜인데 무슨 불만과 한숨이 나오겠는가? 모든 불평과 원망과 한숨은 하나님의 은혜를 잃어버린 데서 오는 것이다.

**현재 내가 받고 있는 하나님의 은혜를 찾아보라.**

- 아침에 내 힘으로 눈을 떴는가? 아니면 나도 모르게 눈이 떠졌는가?
- 오늘 만나는 사람이 나를 위한 하나님의 선물이라는 것을 알고 있는가?
- 하나님의 돌보심 속에 지금까지 살아온 것에 대해 나는 얼마나 감사하고 있는가?
- 그동안 은밀하게 수많은 잘못을 행했음에도 이렇게 살게 해주신 것은 놀라운 하나님의 은혜가 아닌가?

# Part 03

한 번뿐인 인생,
멋지게 살자

# 11

## 태어난 것만으로도
## 감사하라

나는 어느 날 60세가 다 되는 한 지인이 전하는 기구한 인생 이야기를 들을 기회가 있었다. 그는 부모님이 자기를 낳기는 했지만 지금까지 크게 해준 것 없이 차별 속에서 살아왔다. 부모님은 오직 형에게만 관심이 있었지, 그는 버린 자식처럼 대해 왔다. 초등학교만 마치게 한 뒤로는 농사일만 시켰기에 중·고등학교를 고학으로 부모님 몰래 다녔다. 한때는 어떻게 이런 부모님이 있을까 생각하고 원망도 많이 했다. 고아처럼 산 그의 50년 인생은 너무 힘든 생활이었다. 아무도 돌보지 않고 버려진 인생 속에서 방황과 고생의 삶을 살았다. 그의 이야기를 듣다 보니 너무나 불행한 인생의 연속이었다는 생각이 들었다. 그런 그의 마음속에 어느 날 부모님을 원망하는 것이 사라지면서, 이것을 자기의 운명이라고 받아들이며 긍정적으로 생각했다고 한다. 그랬더니 감사하게도 하는 모든 일이 잘 풀려 지금은 남에게 어느 정도 베푸는 삶을 사는 데까지 이르렀다. 그는 '나에게도 이런 날이 있구나' 생각하면 감사할 뿐이라고 고백했다. 그러면서 한마디 던진 그의 말은 나의 가슴에 와 닿았다.

"나는 부모님을 원망하지 않습니다. 지금까지 부모님이 나에게 별로 해준 것 없이 버려진 자식처럼 지내왔지만 나를 낳아주신 것을 생각하면 감사합니다. 그것 하나만으로도 부모님에게 충분히 감사할 이유가 있습니다."

우리는 인생을 살면서 불평과 원망하는 일이 한두 가지가 아니다. 대다수 사람들이 여기에 해당된다. '핑계 없는 무덤 없다'는 말처럼 사람마다 사정이 다 있다. 목회자인 나는 수많은 사람을 만나면서 다양한 인생 이야기를 듣는다. 눈물 없이 들을 수 없는 이야기들도 많다. 그러나 중요한 것은 그들 이야기 속에서도 감사할 일은 있다는 것이다. 부정적인 것을 생각하면 끝이 없다. 우리가 사는 세상은 불합리적인 것이 많다. 공정하고 상식적인 것을 찾기가 쉽지 않다. 우리는 그것으로 인해 가슴 아파하고 절망하면서 미움으로 살아갈 때가 많다.

그러나 이렇게 생각해 보자. 모든 것이 다 불합리하고 설사 나에게 불리한 조건이라 할지라도 한 가지 분명한 사실은 내가 세상에 태어났다는 것은 분명 감사할 일이라는 것이다. 그래도 인생을 한 번 살아볼 수 있는 기회가 주어졌다는 것이 얼마나 감사한 것인가? 그것 자체만으로도 우리는 감사하면서 살 수 있다. 우리 주위에는 세상에서 한 번 살아볼 기회조차 갖지 못하고 태어나기도 전에 죽는 불행한 사람들이 있다.

월드컵에 나가는 국가대표로 뽑히기 위해 수많은 선수들이 치열한 경쟁을 한다. 국가대표 엔트리 명단에 들어가는 것만 해도 감사할 일이다. 거기에 들어가는 사람은 특별한 사람이다. 그런데 실제 시합에 나가더라도 한 번도 그라운드를 밟아보지 못하는 선수가 절반 정도가 된다. 벤치에 앉은 선수들은 감독의 사인만 기다린다.

그들은 단 몇 분이라도 좋으니 한 번만이라도 그라운드에서 뛸 기회를 간절히 원하며 벤치를 지킨다. 설사 골을 넣지 못한다 해도 경기에 한번 나가 뛰는 것이 소원인 선수들처럼 인생도 이와 같다.

한 생명이 태어날 때는 엄청난 희생과 투쟁과 기적이 따른다. 건장한 남자가 1회 사정 시 배출하는 정자 수는 2억에서 5억 개로 추산된다. 그런데 매월 1개씩 배란되는 난자와 제일 강한 하나의 정자만이 수정하여 한 생명이 만들어진다. 수억의 경쟁을 뚫고 승리를 맛보며 세상에 나온 것이 바로 나 자신임을 알고 있는가? 그렇다면 이미 세상에 태어난 것 자체만으로도 나는 성공한 사람이다. 나 이외 수억의 정자들은 모두 죽는다. 이렇게 보면 내가 대단한 존재임을 다시 생각하지 않을 수 없다.

이 세상에 태어난 것 자체만으로도 감사한 일이다. 인생 라운드를 뛰는 것 자체만으로도 행복한 것이다. 설사 힘든 인생경기라할지라도 경기하는 자체만으로도 즐거운 일이다. 성공을 경험할수도 있지만 실패만 경험하는 사람도 있을 것이다. 그러나 시도할수 있고 다시 도전할 수 있다는 것만으로도 감사한 일이다. 오늘 살아 있다는 이 사실에 감사하며 하나님을 바라보면서 살아가자. 하나님이 나를 세상에 태어나게 하신 데에는 분명한 목적이 있을것이다. 그것을 위해서 오늘 하루를 살아간다면 힘이 솟구칠 것이다. 우리는 태어난 순간 모두 승리자이다. 더 감사한 것은 예수를 믿는 은혜를 주셔서 천국까지 얻게 하신 것이니 더 원할 것이 무엇이 있겠는가? 태어난 것도 감사한데 구원까지 받았으니 이 얼마나 고마운 일인가? 나의 인생을 객관적으로 다시 돌아보자. 그러면 생각보다 많은 것에서 감사하면서 살아갈 수 있을 것이다.

**다음 질문에 답해 보자.**

• 태어난 것에 얼마나 감사하는가?

• 구원받은 것에 얼마나 감사하는가?

• 오늘 죽어도 천국을 간다는 확신이 있는가?

• 나는 이미 모든 복을 받은 자임을 확신하는가?

• 내가 받은 천국의 복보다 더 좋은 복은 세상에 없다는 것을 아는가?

• 더 받으려고 하기보다는 이미 받은 복을 찾아 누리고 싶지 않은가?

# 12

# 계산대로 되지 않는 것이
# 인생이다

인간과 동물의 가장 큰 차이는 인간은 이성을 가진 존재라는 사실이다. 하나님은 인간에게 이성을 주셨고 우리 인간은 그것으로 수를 계산하고 일을 계획하는 능력을 갖게 되었다. 그런데 문제는 그 능력으로 하나님까지 계산하려고 한다는 것이다. 하나님은 인간이 계산할 수 없는 분이다. 그러나 인간은 하나님을 인간의 수준에서 계산하려고 한다. 그것은 세상을 인간의 계획과 계산으로 살면서 생긴 습성 때문이다. 특히 자기 계산대로 인생이 잘 풀려 나가는 사람은 하나님까지 인간적으로 판단하려고 든다. 그러나 하나님의 생각과 인간의 생각은 다르다. 인간의 계산으로는 하나님의 일을 측량할 수 없다.

바울은 하나님의 계획과 뜻을 인간이 안다는 것은 불가능하다고 말한다.

"깊도다 하나님의 지혜와 지식의 부요함이여 그의 판단은 측량치 못할 것이며 그의 길은 찾지 못할 것이로다" (롬 11:33)

진정 하나님을 아는 사람은 이런 고백을 할 수밖에 없다. 이런 사람은 겸손하다. 그러나 하나님을 잘 알지 못하는 사람은 하나님의 일을 쉽게 판단한다. 이런 사람은 당연히 교만하다.

복음을 들음에도 하나님을 믿지 않는다면 그것만으로도 그는 이미 교만한 사람이 된 것이다. 그리고 그 교만함으로 심판을 받는다. 주변을 보면 자기 계산대로 하나님을 이해하고 믿으려 하는 사람들이 있다. 그러다가 고난을 당하면 자신의 무능력을 깨닫고 겸손하게 된다. 그리고 인간의 생각이 아닌 말씀대로 하나님을 믿는 사람으로 바뀐다. 인간적인 지식과 경험이 많은 사람들이 하나님을 믿지 못하는 것은 바로 자기 경험과 지식에 의존하기 때문이다. 하나님을 믿는 데는 세상의 많은 지식이 오히려 독이 될 수 있다.

나이가 들면서 인생에 대해서 한 가지 터득되는 것이 있다. 인생은 내 뜻대로 되는 것이 아니라는 것이다. 젊을 때는 그것을 잘 모르다가 30대 중반에서 40대에 들어서면 이것을 현실 속에서 깨닫게 된다. 나이가 지긋이 든 사람들에게 물어보면 대부분 "내 계산대로 되지 않는 것이 인생"이라고 말한다. 물론 가끔 모든 것이 내 꿈대로 되었다고 자기 성공을 말하는 사람들이 있다. 그리고 꿈을 품고 살면 반드시 이루어진다고 사람들을 격려한다. 과연 그런가? 그렇지 않다. 잠시는 그 꿈을 이루었을지 몰라도 아직 온전한 꿈은 이루지 못한 것이다. 그 꿈은 여전히 진행형이다. 내 계산에 맞추어 인생을 살면 좌절할 가능성이 더 많다. 미래를 예측하면서 그것에 따라 진행하지만 인생이 꼭 그대로 되는 것은 아니다. 오히려 계산대로 안 되는 경우가 많다. 지금 와서 생각해 보면 꿈을 이루지 못한 것이 오히려 천만다행이라고 말하는 사람들을 만난다.

그들은 왜 그렇게 말하는 것일까?

인생을 살다 보면 일이 이상한 방향으로 갈 때가 있다. 그러나 이상하게 생각할 필요가 없다. 그렇게 해서 인생의 제 길을 찾아가는 것일 수 있기 때문이다. 내 인생의 길이지만 나는 모른다. 오직 하나님만이 아신다. 내가 내 인생을 안다고 하면 문제가 복잡해진다. 인생은 다 알고 가는 길이 아니다. 내일 무슨 일을 만날지 모르면서 오늘을 살아가고 있는 것이 우리들의 삶이다. 실제로 모두가 이렇게 살고 있다. 자기 길을 정확히 알고 가는 사람들이 얼마나 될까? 아무도 없다. 내 길을 아는 분은 오직 하나님 한 분밖에 없다. 지금이라도 내 길을 알고 계시는 그분을 꼭 붙잡고 가면 나는 내 길을 아는 것이 된다. 인생을 잘 모른다고 불안해하지 마라. 주님을 붙잡으면 어디로 가든지 그가 나를 인도하시고 책임지실 것이다. 나의 인생이 생각지 않은 전혀 다른 방향으로 간다고해도 슬퍼하지 마라. 주님은 우리를 늘 좋은 곳으로 인도하신다.이렇게 생각하고 하루를 살아가면 오히려 행복하다. 오늘 하루에최선을 다하고 감사하면서 살아갈 수 있다. 꼭 안다고 행복한 것은 아니다. 모르기에 더 행복한 것이 많다. 나의 죽음의 때를 안다면 행복할까? 오히려 모르기 때문에 오늘을 즐길 수 있는 것 아닌가? 지금 주어진 일이 잘 안 된다고 낙심하지 마라. 나에게 닥친일이 잘 이해가 안 된다고 해서 우울해 하지 마라. 하나님의 계산과 나의 계산은 늘 다른 법이다.

## 하나님의 계산법

- 하나님은 하루에 충실한 사람에게 은혜를 주신다.
- 하나님의 은혜는 생각지 않은 날에 홀연히 온다.
- 하나님은 우리가 기대한 것 이상으로 넘치게 주신다.
- 하나님의 방법은 먼저 된 자가 나중 되고 나중 된 자가 먼저 될 수 있다.
- 하나님의 사랑은 인간의 행위가 아닌 믿음으로 온다.
- 하나님이 하시는 일은 마지막 순간이 최고의 시간이 될 수 있다.
- 하나님은 사람을 외모가 아닌 중심으로 평가하신다.

# 13

# 나무 심는
# 사람이 되라

나는 하루를 어떤 생각으로 살고 있는가? 인생은 나에게 맡겨진 일을 어떤 심정으로 하느냐에 따라 성공과 실패가 좌우된다. '나는 앞으로 어떤 사람이 되어야 할까?'를 생각할 때마다 떠오르는 탈무드 이야기가 있다.

한 노인이 뜰에서 나무를 심고 있었다. 지나가던 나그네가 그 모습을 보고 노인에게 물었다.

"이 나무는 언제쯤 열매를 맺을까요?"

"글쎄요. 아마도 30년 후면 열리겠지요."

나그네가 이상하다는 듯이 다시 물었다.

"영감님께서 그때까지 사실 수 있으리라고 생각하십니까?"

"오래 살아도 그때까지는 살 수 없겠지요."

노인의 대답에 나그네는 이해할 수 없다는 듯이 고개를 갸웃거리며 물었다.

"그렇다면 왜 열매를 보지도 못할 나무를 심고 계시는 겁니까?"

노인이 말했다.

"내가 어렸을 때 우리 과수원에 과일이 많이 달려 있었소. 내가 태어나기 훨씬 전에 내 아버님께서 나를 위해 그 나무들을 심어놓으셨기 때문이지요. 나도 지금 아버님과 같은 일을 하고 있는 것뿐이라오."

우리는 하나님의 은혜뿐 아니라 다른 사람의 은혜를 받고 살아간다. 나의 힘으로만 사는 사람은 하나도 없다. 함께 더불어 산다. 누군가의 희생이 없었다면 오늘의 나는 존재하지 않았다. 주는 사람에 의해서 세상은 계속 이어져 간다. 그것을 아는 순간 우리는 이 대열에 참여하게 된다. 누군가에게 주는 삶을 사는 것을 통해 나를 발견하게 된다. 내가 값없이 받았기에 나도 값없이 주어야 한다. 이렇게 보면 우리는 본질적으로 더불어 살 수밖에 없다. 서로를 시기하고 미워하고 또 밟으면서 내가 살고자 애를 쓰지만 사실 알고 보면 그럴 필요가 없다. 우리는 서로 빚지고 있는 존재이기 때문이다.

도심 속에 우뚝 세워진 높은 빌딩을 볼 때가 있다. 그렇게 높은 빌딩을 이룰 수 있는 것은 작은 철제 빔들이 서로를 연결하여 받치고 있기 때문에 가능한 것이다. 우리가 사는 사회도 이처럼 서로 공존하고 기대며 살 수밖에 없다. 우리는 서로 존경하고 서로 섬기면서 살아갈 수밖에 없는 연결된 존재다. 내 이웃은 다른 사람이 아닌 또 하나의 나이다. 주님이 내 이웃을 나 자신처럼 사랑하라고 하신 것은 이런 이유 때문일 것이다. 오늘 하루를 나만을 위해서 사는 사람은 은혜를 모르는 사람이다. 내가 이렇게 존재할 수 있는 것은 이름 모를 많은 사람들의 수고가 있었기 때문이다. 그래서 인간은 늘 감사하면서 살아야 한다. 이것을 아는 사람은 더욱더 감사하고 이웃을 소중하게 여긴다.

내가 나무를 심었다고 그 열매를 내가 먹어야 하는 것은 아니다. 만약 내가 당장 먹을 수 있는 열매를 맺는 나무만 심는다면 나는 살지 모르지만 공동체는 죽게 된다. 다음 세대는 이어지지 않는다.

정말 행복한 사람이 되기 위해서는 30년 후에 맺힐 열매를 보면서 나무를 심는 일을 해야 한다. 내가 잘될 때보다 남이 잘되는 것을 기대할 때 더 큰 행복이 찾아온다. 나만 잘되고 다른 사람들이 다 불행하면 그것은 행복이 아니다. 자신은 조금 부족해도 다른 사람들이 나로 인하여 행복할 수 있다면 거기에서 진정한 행복이 나온다. 주님은 자기를 희생하여 모든 인류를 구원했다. 그것이 주님이 세상에 오신 목적이다. 그리고 이것은 우리 크리스천 모두가 배워야 할 삶의 모습이다.

오늘 하루를 정말 행복하게 만들고 싶은가? 그러면 지금 하는 일을 나를 위한 것이 아닌 다른 사람을 위한 일로 바꾸어서 해보라. 그러면 어느 순간 내가 사는 이유를 깨닫게 될 것이다. 자연과 짐승들을 보라. 그들은 모두 우리 인간을 위해서 존재하고, 그들의 모든 것을 바쳐서 인간에게 봉사하고 있다. 그것이 그들의 일생이라면 인간은 당연히 그 이상이 되어야 하지 않을까? 점점 나이가 들면서 이런 일에 눈을 뜬다면 그는 멋있는 삶을 살고 있는 것이다.

**자신에게 다음과 같이 물어보자.**

• 나는 지금 하는 일을 누구를 위해서 하는가?

• 나는 이 시간 누구에게 감사하고 있는가?

• 내가 세상을 떠난 후에 나의 노력으로 다른 사람이 유익을 얻는 것이 있는가?

# 14

# 오늘이 곧 나의
# 미래의 모습이다

성자였던 어거스틴의 참회록을 보면 이런 말이 있다. "우리에게는 현재만 있다. 과거의 현재, 오늘의 현재, 미래의 현재가 있다." 무슨 말인가? 현재가 중요하다는 것이다. 우리가 살고 있는 것은 과거도 아니고 미래도 아니다. 바로 오늘이다. 오늘이 곧 미래다. 미래에 어떤 사람이 될 것인가를 생각하는 것도 중요하지만 미래에 어떤 사람이 되기 위해서 오늘을 어떻게 사느냐 하는 것이 더 중요하다. 인간에게는 현재만이 나의 시간이다. 미래는 나의 시간이 아니다. 이것은 하나님이 허락해야 가능한 시간이다.

우리는 하루 일과를 마치고 매일 잠자리에 든다. 이불을 덮고 잠을 자는 모습은 마치 죽는 그 순간과도 같다. 죽음을 위한 일종의 예행연습이다. 잠자리에 들면서 무슨 생각을 하는가? 아무 생각 없이 잠이 들지만 그래도 꼭 한 가지 생각하는 것이 있다. 내일을 생각하면서 잠자리에 든다는 것이다. 나에게 내일이 없다고 하면 과연 잠자리에 들 수 있을까? 아마 잠을 못 이룰 것이다. 이렇게 편안하게 잠을 자는 것은 내일이 있기 때문이다. 그것을 믿기 때문이다. 그런데 내일이 있을지 없을지 인간은 아무도 모른다. 그렇게 되기를 바라고 잠자리에 들 뿐이다.

진정한 의미에서 내일은 나의 시간이 아니다. 내일은 하나님이 허락하시는 한에서 주어지는 시간이다. 나에게 있는 시간은 오늘뿐이다. 그렇다면 결론은 간단하다. 오늘 하루를 최선을 다해서 살아가는 것이다. 오늘 나에게 맡겨진 일을 다하고 잠자리에 드는 것이 내가 할 일이다. 미래의 나의 모습을 그리며 그 모습대로 오늘을 살면 된다. 미래에 자선 사업가가 되고 싶다면 오늘 작은 것을 나누면서 살아라. 그럼 이미 자선 사업가가 된 것이다. 많은 사람들에게 유익을 주는 사람이 되고 싶다면 오늘 하루 다른 사람에게 유익을 주는 삶을 살면 된다. 그것이 나의 미래의 모습이다. 오늘을 그렇게 살지 않으면 미래에도 그것을 이룰 수 없다.

미래에 진실한 사람이 되고 싶은가? 그러면 오늘 이 순간 진실하라. 미래에 많은 사람에게 인정받고 싶은가? 그러면 오늘 가까운 사람에게서 인정을 받아라. 미래에 행복한 삶을 살고 싶은가? 그러면 지금 이 순간 행복을 느껴라. 그렇지 못하면 나에게 미래는 없다. 미래는 오늘을 통해서 오는 것이지, 오늘을 건너뛰고 오는 것이 아니다.

미래를 보고 싶은가? 그러면 오늘을 살아가는 나의 모습을 보면 된다. 아침에 일어나서 하루를 마칠 때까지의 나의 모습이 미래의 모습이다. 지금의 모습에서 특별히 달라질 것이 없다. 사람들은 종종 대박 인생을 꿈꾼다. 복권 당첨이라도 돼서 어느 날 벼락부자가 되는 환상에 사로잡힌다. 그러나 그런 인생은 절대 오지 않는다.

나이가 든다는 것은 무엇을 말하는가? 나이를 잊고 나이와 상관없이 살 수 있는 길은 없을까? 간단하다. 오늘에 충실하고 오늘 진실하면 된다. 구원받을 날도 오늘이다. 오늘을 아름답게 보는 사람이 미래도 아름답다. 오늘 만나는 사람을 소중하게 여기는 사람에게 좋은 사람이 다가온다.

살아가는 것이 괴로운 것은 너무 미래를 생각하기 때문이다. 걱정은 모두 오늘의 일이 아닌 미래의 일이다. 자살하는 사람은 오늘이 아니라 미래 때문에 자살한다. 오늘의 삶에 실패했기에 나타나는 현상이다. 오늘에 성공하자. 오늘 속에서 하나님의 신비를 찾아라. 그러면 내일은 오늘보다 새롭게 다가올 것이다. 기억하

라. 내일은 오늘 속에서 내일을 그리는 자에게 주어지는 하나님의
선물인 것을….

**요점은 이렇다.**

• 오늘이 소중하다.

• 오늘 속에 미래가 있다.

• 오늘 만난 사람이 미래의 사람이다.

• 오늘 나의 모습이 미래의 나의 모습이다.

• 미래는 언제나 오늘의 거울을 통해서 보여진다.

• 가능한 오늘을 꽉 차게 살아가라. 그런 사람에게만 하루가 더 필요
하다.

# 15

## 내 꿈을 버려야
## 새로운 꿈을 꿀 수 있다

우리는 늘 '나의 미래는 어떻게 될 것인가'를 생각하면서 자신의 미래상을 그려보곤 한다. 성공한 사람들은 가능한 미래의 꿈을 크게 그리라고 말한다. 왜냐하면 상상한 대로 그림이 그려지기 때문이다. 그러나 미래의 꿈을 그린다고 그 꿈이 모두에게 이루어지는 것은 아니다. 미래에 큰 꿈을 꾸지 않은 사람은 하나도 없다. 모델을 정하고 그런 사람이 되고자 나름대로 노력했지만 여러 가지 상황으로 인해 그 꿈을 접는 경우가 많다. 열심히 노력하지 않았기 때문에 이루지 못한 것도 있지만 열심히 노력했음에도 잘 안 되는 것도 있다. 그래서 아예 꿈을 바꾸어 다른 꿈을 꾸는 사람들이 있다.

나이가 들면서 느끼는 것은 꿈이 자꾸 바뀐다는 것이다. 이렇게 해도 안 되고 저렇게 해도 안 되면 그 꿈을 포기하고 새로운 꿈을 다시 꾼다. 많은 사람들이 꿈은 꼭 이루어진다고 말하지만 자기가 원하는 꿈을 이루는 사람은 그리 많지 않다. 여기에 속으면 안 된다. 중요한 것은 내 꿈이 아니라 하나님의 꿈이다. 중심에 하나님이 없는 사람은 자신의 꿈을 꾸지만 믿음을 가진 사람은 하나님의 꿈을 꾼다.

나의 꿈이 사라져야 하나님의 꿈이 내 꿈이 된다. 그런데 여기까지 가는 것이 어렵다. 진정한 꿈을 꾸기 위해서는 먼저 나의 꿈을 접어야 한다. 그리고 새로운 꿈을 하늘로부터 받아야 한다. 인간에게는 본래 선한 것이 없다. 생각하고 계획하는 마음의 모든 것이 악하다. 위로부터 오지 않은 꿈은 인간의 육신적인 정욕에서 온 것이다. 우리는 이런 꿈을 조심해야 한다.

"이는 세상에 있는 모든 것이 육신의 정욕과 안목의 정욕과 이생의 자랑이니 다 아버지께로 좇아 온 것이 아니요 세상으로 좇아 온 것이라" (요일 2:16)

육신의 정욕과 안목의 정욕과 이생의 자랑을 위한 꿈은 위험하다. 이런 꿈은 우리를 망치게 한다. 이런 꿈은 이루었다 해도 행복하지 않다. 얼마 가지 못해 또 다른 욕심을 향해 달려갈 것이다. 그러나 세상에서는 이런 꿈을 선호하고 그것을 부추긴다.

> "예수 그리스도께서 자기가 예루살렘에 올라가 장로들과 대제사장들과 서기관들에게 많은 고난을 받고 죽임을 당하고 제 삼일에 살아나야 할 것을 제자들에게 비로소 가르치시니" (마 16:21)

베드로는 철저히 믿고 따르던 예수님의 꿈이 고난을 당하고 십자가에 죽는 것이라는 말이 도저히 이해가 안 되었다. 이제 수도 예루살렘에 들어가면 로마인들을 물리치고 유대인 사회를 만드는 것인 줄 알았는데 이게 무슨 말인가? 베드로는 자신들과 예수님의 꿈이 완전히 다른 것을 발견하고 예수님을 말렸다. "주여 그리 마옵소서 이 일이 결코 주에게 미치지 아니하리이다(마 16:22)." 그러자 주님은 "사단아 내 뒤로 물러가라 너는 나를 넘어지게 하는 자로다. 네가 하나님의 일을 생각지 아니하고 도리어 사람의 일을 생각하는도다(마 16:23)" 하고 말씀하셨다. 베드로의 꿈은 사람의 꿈이었다. 그러나 예수님의 꿈은 하나님의 꿈이었다. 그렇다면 여기서 하나님의 꿈은 무엇인가? 예수님은 제자들에게 이것을 설명해주셨다.

> "아무든지 나를 따라 오려거든 자기를 부인하고 자기 십자가를 지고

나를 좇을 것이니라" (마 16:24)

자기를 부인하고 십자가를 따라가는 것이 제자들의 비전이었다. 이것이 오늘날 크리스천이 가져야 할 꿈이다. 자기의 꿈을 버리고 하나님의 꿈을 잡을 때 우리는 진정한 꿈을 이루는 사람이 된다.

"누구든지 제 목숨을 구원코자 하면 잃을 것이요 누구든지 나를 위하여 제 목숨을 잃으면 찾으리라" (마 16:25)

자기를 버리고 자기의 꿈을 버리는 것은 아무것도 남는 것 없는 바보 같은 일이라고 생각하겠지만 그것이 주님이 원하시는 꿈이다. 자기 꿈을 갖고 있는 한 우리는 하나님의 꿈을 받을 수 없다. 나이가 들면서 우리는 점차 자신의 꿈을 내려놓고 하나님의 꿈을 나의 꿈으로 삼아야 한다. 크리스천은 하나님의 뜻을 이루기 위해 존재한다. 이것을 아는 사람이 진정으로 행복한 사람이다. 나의 꿈을 이루려면 내가 노력하고 수고하며 애를 써야 한다. 내 힘으로 그 꿈을 이루어야 하는 고난이 기다린다. 그러나 나를 버리고 주님의 꿈을 잡으면 나를 통해 주님이 꿈을 이루신다. 오늘도 주님께 맡기고 순종하면서 그 꿈을 기대하며 살아가라. 설사 나의 시대에 꿈이 이루어지지 않아도 하나님의 꿈은 영원하기에 그것은 꼭 이루어질 것이다. 이런 꿈을 꾸고 싶지 않은가?

## 거꾸로 사는 10가지 축복

• 미련한 것이 지혜로운 것이다.

• 느린 것이 빠른 것이다.

• 지는 것이 이기는 것이다.

• 약한 것이 강한 것이다.

• 낮은 것이 높은 것이다.

• 주는 것이 받는 것이다.

• 남을 위한 것이 나를 위한 것이다.

• 죽는 것이 사는 것이다.

• 포기하는 것이 더 가지는 것이다.

• 작은 것이 큰 것이다.

# 16

# 배우기를 멈추면
# 성장도 멈춘다

　나와 같이 박사과정을 공부했던 분 중에 잊을 수 없는 여자 목
사님 한 분이 있다. 젊을 때는 서울 일류학교 선생님을 하셨고 그
이후에도 외국에서 공부를 계속하셨던 분이다. 70세가 다 된 은
퇴의 나이에도 불구하고, 그 어려운 박사과정을 공부하고 있는 목
사님을 보면서 많은 생각을 했다. 그분은 학위를 위해서 공부하는
것이 아니었다. 그렇다고 공부를 해서 교수가 되려는 것도 아니었
다. 그렇다면 왜 그 나이에 공부를 하시는가? 간단했다. 단지 성경
을 공부하고 싶기 때문이었다. 말씀이 좋아서 그 많은 학비를 내고
3년이라는 기간 동안에 또 논문을 준비하는 그 여자 목사님을 보
면서 주변 사람들은 모두 감동을 받았다. 그분은 '인생은 이렇게

살아야 한다'는 것을 주변 사람들에게 몸소 보여주었다.

그때까지 내 인생에서 그런 분을 만나지 못했기에 나에게는 충격이며 큰 도전이 되었다. 그분은 나이에 비해 10년은 젊어 보였다. 공부하는 그 모습은 그를 젊게 만들었고 생각 역시 젊은이들과 크게 다를 바 없었다. 그 목사님을 통해 나이는 큰 문제가 아니라는 생각을 새롭게 하게 되었다. 나이가 들면서 늙어가는 것이 아니라 오히려 젊어진다는 생각을 갖게 만들었다. 배움은 곧 성장이라는 진리를 눈으로 재확인하는 계기가 되었다.

우리가 아는 대부분의 노년의 사람들을 보면 그저 시간에 자신의 인생을 맡겨버리는 초라한 경우가 많다. 우리는 그런 노인들을 보면서 나이가 들어가는 자신을 한 번쯤 생각해 본다. '과연 나이가 든다는 것이 저런 모습일까?' 하고 말이다. 특별히 할 일 없이 시간을 보내는 모습은 우리의 가슴을 아프게 한다.

나이가 든다고 속사람까지 나이가 드는 것은 아니다. 왜 나이가 드는 것을 생각하면 힘이 빠지는가? 이것은 물질적인 세계관이 만들어 낸 잘못된 유물 때문이다. 우리도 모르게 그것에 익숙해져 스스로 포기하는 삶을 살아간다. 노인 때는 과연 돈을 벌 수 없는가? 다시 공부하여 박사학위를 받을 수 없는가? 새로운 일을 계획하며 새로운 인생에 도전할 수 없는가? 그렇지 않다. 사람은 나이를 초월한다. 나이와 상관없이 살 수 있는 것이 인간이다. 나이가 들면서 할 수 있는 일은 생각보다 무궁무진하다. 그런 가능성을 보고 자신을 돌아본다면 우리는 지금 새로운 일을 시작할 수 있다. 할 수 없다고 생각하면 할 수 없다. 그러나 할 수 있다고 생각하면 모든 것을 할 수 있다. 50세만 되면 퇴직이 시작되는 현실이 우리로 하여금 더 힘을 잃게 하는 요인이 된다. 그것을 바꾸어 생각해 보면 어떨까? 지금까지 배운 시간을 토대로 인생의 진정한 꽃을 피워 보라는 주문으로 생각한다면 일찍 퇴직하는 것은 새로운 시작을 알리는 인생의 신호탄이 될 수 있다.

성경을 보면 위대한 인물은 나이가 들면서 만들어졌다. 아브라함은 75세에 하나님의 소명을 받아 일을 시작했다. 은퇴하여 죽음을 준비할 나이임에도 그는 어린아이처럼 위대한 역사의 출발점을 향해 한걸음 내디뎠다. 모세는 80세에 하나님의 소명을 받아 이스라엘 민족의 지도자가 되었다. 갈렙은 85세에 하나님이 주신 약속의 땅을 정복하는 일에 선봉을 섰다. 하나님의 일도 이렇게 늦은 나이에 시작하는데 우리는 어떤가? 비록 이전보다 인간의 수명이 조금 짧아졌다 해도 원리는 동일하다. 나이와 상관없이 하루를 살더라도 멋지게 살아가자. 먼지가 되느니 재가 되는 것이 낫다. 푸석푸석하게 메말라 꺼지는 것보다 완전히 재로 소진하여 불을 타오르게 하는 것이 낫다. 인생을 불태우는 것은 나이와 상관없다. 마지막 불쏘시개도 남기지 말고 모두 태워 버리는 것이 인생이다. 그렇게 하려면 나이가 들어도 처음처럼 살아야 한다. 마지막 남은 불쏘시개라고 무시하고 포기하면 안 된다. 그것이 역사의 큰 불을 일으킬 줄 누가 아는가? 인생은 끝까지 성장하다가 죽어가는 것이다. 성장을 멈추지 말고 주님이 부르시는 그날까지 우리의 모든 것을 바치자. 마지막에 사용하실 하나님의 은혜를 바라보면서 오늘도 배움의 끈을 놓지 말자.

**점검해 보자.**

- 나는 하루를 연명하기 위해서 사는가? 아니면 하나님이 주신 소명을 완수하기 위해 최선을 다하며 사는가?
- 나는 지금 어떤 공부를 하고 있는가? 나이가 들어도 평생 할 수 있는 공부를 찾았는가?
- 앞으로 하고 싶은 공부는 무엇인가? 이것을 이루기 위해 넘어야 할 장애물은 무엇인가? 장애물을 극복하기 위한 방법과 계획을 말해 보자.

# Part 04

# 모든 것은 마음에서
# 출발한다

# 17

# 마음먹기에 따라
# 행복은 달라진다

인생의 시작은 어디인가? 바로 마음이다. 마음은 생명의 근원이다. 모든 것은 여기에서 출발한다. 마음이 바르지 못하면 모든 것이 비뚤어진다. 눈에 보이지 않는 사람의 마음을 어떻게 바르게 하느냐에 인생의 성패가 달렸다. 우리는 마음공부를 우선적으로 해야 하는데 실상은 그렇지 못하다. 학교에서 그렇게 많은 공부를 오랫동안 했음에도 마음은 병이 든 경우가 많다. 학교에서는 마음공부를 거의 하지 않는다. 그래서 지식은 높을지 몰라도 마음은 공허하다. 범죄는 모두 채워지지 않는 마음 때문에 일어난다. 사람들은 공허한 마음을 물질과 권력과 힘으로 채우려 한다. 그러나 만족함이 없다. 아무리 공부를 많이 해서 사회적으로 성공했다 하더라도 마음이 비어 있으면 사는 것이 허탈하다. 인간이 무너지는 것은 업적이 부족해서가 아니다. 꿈을 이루지 못했기 때문이 아니다. 각종 시험에 실패했기 때문이 아니다. 마음이 무너졌기 때문이다. 마음은 인간의 기초와 같다. 그런데 우리는 이 기초를 튼튼히 하지 못했다. 사람이 불안한 것은 마음이 약하기 때문이다.

행복, 사랑, 기쁨, 평화, 믿음 등 진정한 가치는 마음에서 시작된다. 이런 것들은 머리나 몸으로 채울 수 있는 것이 아니다. 그러나 사람들은 이것들을 다른 것으로 얻으려고 한다. 심지어 물질을 통해서 갖고자 하는 사람들도 있다. 얼마나 어리석은지 모른다. 그런데 문제는 이런 것을 가르쳐 주는 곳이 없다는 것이다. 학교에서도 이것을 가르치지 않는다. 그렇다면 스스로 공부해야 하는데 그것이 쉽지 않다. 그래서 사람들은 지금도 방황한다. 교회가 이 역할을 해야 한다. 교회가 사회 속에 들어가서 지친 사람들의 마음을 안아주고 그들 속에 마음의 기초를 다져 주어야 한다. 사람의 행동은 모두 마음속에서 나오는 것들이다. 외적으로 추악하면 마음이 추악한 것이다. 외적으로 선하면 마음이 선한 것이다. 열매를 보고 나무를 알듯이 그 사람의 말하는 것과 행동을 보면 그 사람의 마음을 알 수 있다. 마음을 행복하게 해야 하고 좋은 것들로 가득 차게 해야 한다. 마음이 곤핍하면 행동도 곤핍하게 된다. 이런 간단한 인생의 원리를 사람들은 잊고 산다. 그리고 엉뚱한 데서 문제를 해결하고자 한다.

예수님은 이런 사람의 모습을 정확하게 말씀하셨다.

"사람에게서 나오는 그것이 사람을 더럽게 하느니라 속에서 곧 사람의 마음에서 나오는 것은 악한 생각 곧 음란과 도적질과 살인과 간음과 탐욕과 악독과 속임과 음탕과 흘기는 눈과 훼방과 교만과 광패니 이 모든 악한 것이 다 속에서 나와서 사람을 더럽게 하느니라" (막 7:20~23)

인간의 모든 행동은 마음에서 나오는 것들이다. 마음을 어떻게 먹느냐에 따라 우리의 삶은 달라진다. 그런데 문제는 마음이 내 마음대로 안된다는 데 있다. 악한 인간의 마음은 늘 악한 것을 생각한다. 나의 유익을 먼저 생각하고 언제나 자기중심에서 판단한다. 근본적인 마음의 창이 잘못되었기에 보이는 것도 잘못된다.

이것을 위해서 어떻게 해야 할까? 이것은 한 번 닦아낸다고 해결될 일이 아니다. 죄가 계속 묻어나온다. 개조해서 될 일이 아니다. 시간이 지나면 또 더러운 것이 나온다. 상황이 닥치면 전혀 그럴 것 같지 않은 사람도 속물이 된다. 우리는 거기에서 배신감을 느끼고 인간에 대한 환멸을 경험한다. 그러나 그것이 인간의 모습이다. 마음수련을 한다고 산에 들어가서 마음을 비우면 마음이 과연 깨끗해질까? 그렇지 않다. 잠시 깨끗해지는 것 같지만 시간이 지나면 역시 똑같은 현상이 또 일어난다. 이런 일은 무의미한 일이다. 그렇다면 길은 오직 하나다. 오염된 그릇을 새 것으로 바꾸는 것이다. 성경은 이것을 거듭나는 일이라고 말한다. 내 생각으로는 안 된다. 예수님으로 나를 새롭게 포맷해야 한다. 그렇게 해서 완전히 새로운 사람이 될 때 선한 것이 나올 수 있다.

'행복은 마음먹기에 따라 달라진다'는 말을 많이 한다. 마음의 중요성을 아는 면에서 보면 맞는 말이지만 그것은 확실한 해법이 되지 못한다. 마음이 병든 상황에서는 마음먹는다고 되는 것이 아니다. 마음 자체를 새롭게 바꾸지 않고는 안 된다. 옛 사람의 마음으로는 여전히 옛 생각이 나온다. 예수님의 마음으로 새롭게 바꾸어야 한다. 예수님의 마음을 품고 살 때 우리는 선한 일을 할 수 있다.

예수님의 마음으로 모든 것을 바라보면 행복은 저절로 찾아온다. 예수님의 마음으로 보면 세상 사람들은 모두 하나님의 자녀다. 집안에 있는 자녀도 있고 집을 나간 탕자도 있다. 그렇게 바라보면 모두가 사랑해야 할 사람들이다. 내 자녀만 자녀가 아니고 다른 사람의 자녀도 내 자녀와 같다. 도둑도 자기 딸의 물건은 훔치지 않는다. 다른 사람의 것이라는 생각에서 훔치는 것이다. 예수님의 마음으로 세상을 바라보고 이웃을 생각하면 지금처럼 이렇게 원수처럼 지낼 필요가 없다. 모두가 하나님을 믿는 한 가족으로 살게 될 것이다.

### 예수님의 마음은 무엇인가?

- 예수님의 마음은 온유하다.
- 예수님의 마음은 겸손하다.
- 예수님의 마음은 자비롭다.
- 예수님의 마음은 청결하다.

# 18

# 마음이 청결한 자가
# 하나님을 본다

하나님은 마음으로 보는 것이지, 육신의 눈으로 보는 것이 아니다. 마음이 더러우면 하나님을 볼 수 없다. 예수님은 산상수훈에서 마음이 청결한 자가 하나님을 본다고 했다.

"마음이 청결한 자는 복이 있나니 저희가 하나님을 볼 것임이요" (마 5:8)

여기서 마음이 청결하다는 것은 무엇일까? 청결한 마음은 혼합되지 않은 거룩한 마음이다. 두 마음을 품지 않고 오직 하나만 생각하는 단순한 마음이다. 마음이 복잡해지면 하나님이 보이지 않는다. 마음을 오직 하나님에게로만 향하고 있어야 하나님을 볼 수 있다. 그런 사람에게 하나님은 자신을 보여주신다. 문제는 마음을 늘 새롭게 하고 청결케 하는 것이다.

마음은 몸의 등불이다. 마음이 어둡다는 것은 등불이 제 역할을 하지 못한 것이다. 또 마음이 어둡다는 것은 등불을 가지지 못했다는 것이다. 그런 삶은 당연히 헤맬 수밖에 없다. 어둔 세상에서 갈 길을 몰라 방황하는 삶을 살게 된다.

모든 것을 눈이 아닌 마음으로 본다. 본다고 다 보는 것은 아니다. 듣는 것도 마찬가지다. 귀로 듣는 것이 아닌 마음으로 듣는다. 그래서 예수님은 사람들에게 "들을 귀 있는 자는 들으라"고 말씀하셨다. 마음과 영혼으로 들으라는 뜻이다. 마음이 완악한 사람은 진리가 들리지 않는다. 오천 명을 먹이는 표적을 보아도 그것의 의미를 모르고 떡만 보게 된다. 우리의 마음 상태에 따라 보이는 것은 수시로 달라진다. 마음에 무엇으로 가득 찼느냐가 모든 것을 결정한다.

사랑하는 마음을 가지고 보면 모든 사람이 사랑스럽다. 사랑이 있으면 실수가 있다 해도 실수로 보이지 않는다. 우리가 세상을 부정적으로 보는 것은 마음에 사랑이 결핍되었기 때문이다. 마음에 상처를 입은 사람들은 다른 사람을 좋게 보지 않는다. 마음이 부정적이면 생각도 부정적이게 된다. 부모의 마음으로 보면 세상 모든 사람들이 사랑스럽다. 비록 잘못된 행동을 해도 부모의 심정으로 보면 오히려 불쌍하고 아무리 악한 일을 해도 미워하지 않는다.

마음을 청결하게 하려면 평소에 마음을 깨끗하게 하는 일에 시간을 들여야 한다. 마음은 한 번에 깨끗하게 되지 않는다. 지속적으로 씻어내야 한다. 알고 있는가? 사람의 마음이 어떤 만물보다 부패한 것이라는 사실을. 음식물 쓰레기가 아무리 더러워도 사람의 부패된 마음처럼 더럽지 않다. 마음에서 나오는 수많은 악한 것들이 세상에는 널려 있다. 그것들은 모두 마음에서 토해낸 것들이다. 지금도 입을 통하여 수없이 악한 것들이 쏟아져 나오고 있다. 이것은 마음을 청결하게 하지 않으면 해결이 안 되는 것들이다. 물의 수원지가 잘못되면 그 물은 더러울 수밖에 없다. 근원을 고쳐야 한다. 그 근원이 마음이다.

사실 마음을 청결하게 하는 일은 우리 힘으로는 안 된다. 사람은 자신이 지은 죄를 스스로 해결할 수 없다. 모두가 죄인인 주제에 누구의 죄를 해결하겠는가? 오직 그리스도 예수밖에는 다른 길이 없다. 우리의 마음을 청결하게 하는 것은 오직 예수님의 피를 통해서만 가능하다.

예수의 피로 우리의 죄악을 씻어내면 우리의 마음은 깨끗하게 된다. 예수의 마음이 우리 속에 들어오면 우리 마음은 새롭게 되고 그 마음으로 하나님을 볼 수 있다.

　우리 마음이 예수의 마음으로 가득 차야 한다. 지금부터라도 모든 것을 예수의 마음으로 바라보는 훈련을 해야 한다. 예수의 마음으로 세상을 바라보면 세상을 멀리 하는 것이 아닌, 오히려 악한 세상 속으로 깊게 들어가 그들을 치유하고 구원하는 일에 힘쓰게 된다. 이 마음을 품도록 우리는 늘 노력하고 기도에 힘써야 한다. 크리스천의 성공은 업적이 아니다. 예수의 마음으로 얼마나 가득하느냐에 달렸다.

　성령 충만은 예수의 마음으로 가득 차게 하는 것이다. 성령 충만한 스데반이 하늘을 본 것처럼 우리도 예수의 마음으로 충만하도록 기도하자. 사람은 나이가 들수록 예수의 마음으로 충만한 소원을 가져야 한다.

　　"스데반이 성령이 충만하여 하늘을 우러러 주목하여 하나님의 영광과 및 예수께서 하나님 우편에 서신 것을 보고 말하되 보라 하늘이 열리고 인자가 하나님 우편에 서신 것을 보노라 한대" (행 7:55~56)

**이렇게 기도하자.**

- 주님, 나에게 예수의 마음을 품도록 하소서!

- 나이가 드는 만큼 예수의 마음 분량도 많아지게 하소서!

- 그리하여 날마다 하나님을 보고 천국을 바라보고 살게 하소서!

- 하나님을 본 그 마음으로 세상과 이웃을 바라보며 남은 인생을 살게 하소서!

# 19

## 곱게 나이 드는 방법을
## 터득하라

 

나무를 자르면 나이테가 드러난다. 하나의 테는 나무의 1년 수명을 나타내기에 사람들은 나이테를 보고서 나무의 역사를 가늠한다. 전문가들은 나이테를 보고서 나무의 일생과 주변의 환경까지 알 수 있다고 한다. 예를 들면 어느 해에 가뭄이 들었고, 어느 해에 강우량이 많았고, 어느 해에 산불이 났고, 어느 해에 나무가 번개를 맞았다는 것까지 알아낸다는 것이다.

늘어가는 나이테는 나무의 무게를 알려준다. 나이테가 많은 나무가 좋은 나무가 된다. 오랜 수고를 거쳐 좋은 나무로 성장한다.

인생에서 나이가 드는 것은 나무에 나이테가 생기는 것과 같다.

나이 속에는 인생의 경력과 애환과 수고가 들어있다. 우리는 나이가 들면서 그 속에 우리의 인생을 담는다. 인생의 나이는 인생의 무게를 보여 준다. 어떤 사람을 만나면 정말 곱게 나이가 들어간다는 생각이 들 때가 있다. 그런 사람은 나이가 들수록 멋있다.

나이가 들어도 낡지 않는다면 그 삶은 새로울 수 있다. 비록 몸은 늙어도 마음과 인격은 더욱 새로워질 수 있다. 더 원숙한 삶이 펼쳐지고 더 깊은 깨우침을 다가오게 한다면 나이 드는 것은 멋있는 일이다. 이것은 나이가 들면서 얻을 수 있는 것이다. 사람들은 나이 드는 것을 늙음으로만 생각한다. 그러나 그렇지 않다. 그 안에는 젊음이 있다. 어떤 사람은 나이가 들어도 생기가 넘치고 젊은 마음을 가지고 있는 반면에 젊은 나이임에도 늙고 낡은 마음을 가진 사람이 있다. 나이가 들수록 마음이 새롭게 되면 그것은 곱게 나이가 드는 것이다. 그러나 나이가 들수록 마음에 새로움이 없다면 그것은 추하게 나이 드는 것이다.

하나님은 솔로몬왕에게 큰 축복을 주셨다. 그중에 하나는 넓은 마음을 주신 것이다.

"하나님이 솔로몬에게 지혜와 총명을 심히 많이 주시고 또 넓은 마음을 주시되 바닷가의 모래 같이 하시니" (왕상 4:29)

곱게 나이 드는 방법은 마음을 넓게 가지는 것이다. 나이가 들면서 이기적이게 되고 자기 욕심만 챙기려 드는 사람이 있다. 아무것도 아닌 일에 화를 잘 내고 작은 것에도 실족한다. 어린아이처럼 서운한 것이 많다면 그것은 추하게 나이 드는 것이다.

나이가 들면서 마음은 점차 넓어지고 이해의 폭은 깊어져야 한다. 온유함이 지면에 승한 모세처럼 우리도 그런 사람을 꿈꾸자. 롯에게 좋은 땅을 먼저 양보하였던 아브라함 같은 마음을 가지면 좋을 것이다. 그러면 나이가 들어도 사람들에게 존경을 받을 것이다. 물론 이것은 하루아침에 되는 일은 아니다. 지금부터 이런 마음을 갖도록 준비하는 것이 중요하다. 조금씩 마음의 지경을 넓혀 가자.


**마음을 이렇게 훈련해 보자.**

• 더 좋은 것은 다른 사람에게 주도록 하자.
• 마음을 비우고 하나씩 나누어 주는 습관을 지니자.
• 사라질 세상의 것보다 영원한 하나님의 것을 사모하면서 살자.
• 인생을 산 만큼 이해심을 넓히자.
• 멋있는 마음이 무엇인지 하나씩 찾아서 실천해 보자.

# 20

## 말씀으로
## 마음을 채워라

구치소에서 재소자들과 성경공부를 하다 보면 출소했던 사람이 다시 들어오는 것을 볼 때가 있다. 이렇게 반복적으로 죄를 범하는 습관을 가진 사람들을 대하면 가슴이 아프다. 여기에 들어오는 것은 한 번이면 족할 텐데 수십 년 계속되는 사람들이 있다. 그들의 이야기를 들어 보면 이해가 된다. 하지 말아야 한다고 생각하면서도 갑자기 자기도 모르게 그런 일을 저지른다는 것이다. 술을 먹고 아무 생각 없이 행하거나 순간의 잘못된 판단으로 죄를 범하는 경우가 많다. 돌아서면 후회를 하지만 이미 일은 저질러진 상황이다. 이것이 반복되면서 그들은 거의 자기를 포기하고 살아간다. 오히려 감옥살이가 익숙해져 이곳이 편안하다고 생각하는 사람들조차 있다.

어떻게 해야 그들을 죄의 습관에서 벗어나게 할 수 있는가? 왜 그들은 자꾸 죄를 반복하여 범하는가? 내 나름대로 내린 결론이 있다. 그것은 행동이 아니라 마음의 문제라는 것이다. 행동은 마음에서 나온다. 세상 사람들은 마음을 보지 못하고 행동적인 죄만 생각한다. 그들을 가두어 놓고 나름대로 교화를 하지만, 근원적인 문제는 해결이 되지 않아 문제가 계속 반복되는 것이다. 마음을 치료하는 데에 관심을 갖고 교화방법을 찾아야 한다. 그러나 구치소의 현실은 그렇지 못하다. 죄수들을 가두어 두는 데 목적을 두다 보니 제대로 그들의 마음을 치료하지 못한다. 대중 집회나 모임을 통해서 마음을 치료하는 것은 한계가 있다. 제대로 효과를 얻기 위해서는 많은 소그룹을 통하여 상담과 말씀공부를 해야 한다. 그렇게 하려면 많은 봉사자들과 만남을 가질 수 있는 작은 소그룹 방들이 필요하다. 좋은 이야기와 대화를 나누다 보면 자연스럽게 치유되는 것을 나는 오랜 시간을 통해 많이 경험했다. 그들의 마음속에 복음 이야기들을 가득 담는 일이 중요하다. 그렇게 되면 자연히 죄를 이길 수 있는 능력이 생긴다. 스스로 일어설 수 있는 힘을 길러주는 것이 필요하다. 그것은 지속적으로 말씀을 받아먹고 말씀 안에 거하는 일이다. 먼저 마음에서 미움에 대한 것이 제거되어야 행동으로 나타나지 않는다.

예수님은 산상수훈에서 이렇게 말씀하셨다.

"또 간음치 말라 하였다는 것을 너희가 들었으나 나는 너희에게 이르
노니 여자를 보고 음욕을 품는 자마다 마음에 이미 간음하였느니라"
(마 5:27~28)

모든 죄는 마음에서 나온다. 눈에 보이는 행동으로 나타난 죄는
이미 오래전부터 마음속에서 은밀하게 싹이 자랐기 때문이다. 인
간의 죄를 해결하기 위해서는 마음속에 좋은 것을 담아야 한다.
우리는 그동안 마음에 좋은 것을 채우기보다는 외적으로 나타난
행동을 변화시키는 일에 치중하는 경향이 많았다. 이렇게 되면 겉
은 화려하지만 마음은 빈곤해지고 죄악은 깊어진다. 우리는 마음
을 풍성하게 하는 길을 찾아야 한다. 마음을 풍성하게 하는 길은
진리인 말씀을 채우는 일이다. 말씀 안에는 다른 것과 비교할 수
없는 위대함이 들어 있다. 세상의 다른 것은 결국은 다 사라진다.
그것으로 마음을 채운들 만족이 없다. 오히려 공허할 뿐이다. 그
러나 말씀은 영원하다. 가장 행복한 사람은 마음이 말씀으로 충만
한 사람이다. 우리는 이 일에 올인해야 한다. 나이가 들면서 말씀
을 채워넣는 일에 시간을 바쳐야 한다. 그것이 멋지게 나이 드는
길이다. 이런 사람은 시간이 가면 갈수록 마음이 윤택해지고 희망
이 보인다. 육신이 쇠할수록 마음에 담은 말씀이 인생의 승부를

결정한다. 마음을 말씀으로 채우지 않고 그저 나이만 든다면 허무함을 느끼게 될 것이다. 지금부터라도 말씀으로 마음에 꽃을 피우는 시간에 투자하라. 그것이 미래를 위한 가장 현명한 투자 방법이다. 평소에 꾸준히 마음에 채운 그 말씀은 나를 위기 속에서 구출해주고 죄악에서 벗어나게 할 것이다.

"모든 육체는 풀과 같고 그 모든 영광이 풀의 꽃과 같으니 풀은 마르고 꽃은 떨어지되 오직 주의 말씀은 세세토록 있도다"(벧전 1:24~25)

## 마음에 말씀을 채우는 방법

- 매일 일정 분량의 성경을 읽어라.
- 소그룹 성경공부 모임에 참여하여 성경을 깊이 연구하라.
- 말씀을 묵상하는 큐티 시간을 통해 은혜 속에 깊게 들어가라.
- 생활 속에서 말씀 카드를 가지고 말씀을 암송하라.
- 식탁에 말씀달력을 놓고 식사 전에 하나씩 읽고 기도하라.
- 예배와 방송을 통해서 좋은 설교 말씀을 자주 들어라.

# 21

## 선한 일이면
## 무조건 먼저 하라

내가 마음속에 자주 묵상하는 성경구절이 하나 있다.

"너희는 먼저 그의 나라와 그의 의를 구하라 그리하면 이 모든 것을 너희에게 더하시리라 그러므로 내일 일을 위하여 염려하지 말라 내일 일은 내일 염려할 것이요 한 날 괴로움은 그 날에 족하니라" (마 6:33~34)

이것은 내가 목회와 사역을 하면서 지침으로 삼는 좌우명과 같은 구절이다. 먼저 하나님의 나라와 의를 구하는 일이다. 그리고 이 모든 것을 더해 주시는 하나님을 믿고 살자는 것이다.

힘들 때마다 이 말씀을 묵상하면 힘이 난다. 내일에 대해서 염려하지 말고 하나님이 주신 오늘에 최선을 다하고 설사 오늘 괴로움이 있다 해도 그 괴로움은 오늘로 족하다는 생각을 갖게 된다.

우리는 모든 일을 다 할 수 없다. 우리가 하루 동안 해야 할 일은 많지만 하루 생활 속에서 할 수 있는 일은 정해져 있다. 그래서 그중에서 어떤 것을 먼저 할 것인가 고민이 된다. 그때 우선 순위는 하나님의 나라와 의를 이루는 일이다.

하루를 살아갈 때 하나님의 나라와 의를 구하는 일이 무엇인가를 생각한다면 일을 선택하는 것이 훨씬 수월하다. 이 일이 나의 나라를 건설하기 위한 것인지, 하나님의 나라를 건설하기 위한 것인지를 생각하면 답이 나온다. 나의 뜻을 성취하기 위한 것인지, 하나님의 뜻을 이루기 위한 것인지를 묵상하면서 기도하면 답은 나온다.

선과 악을 어떻게 구분할 수 있는가? 언뜻 보아서는 구분하기 힘들다. 기도하면 모두가 다 선한 일인가? 그렇지 않다. 바리새인과 같이 자기의 자랑이나 자기를 드러내기 위해서 하는 기도는 악한 것이다. 그렇다면 남을 구제하는 일은 모두 좋은 것인가? 그렇지 않다. 만약 자기 자랑을 위해서 구제를 한다면 그것은 악한 일이다. 선과 악은 누구와 관계를 맺고 있느냐에 따라서 결정된다.

나타나는 겉모습으로는 판별이 힘들다.

부모님에게 드려야 할 것을 드리지 않고 하나님께 드리면 그것은 잘못된 것이다. 부모님보다 하나님께 드리면 더 좋은 것 아닌가 하고 항변할 수 있지만 그렇지 않다. 이렇게 보면 선과 악을 인간이 구분해 내기는 참으로 어렵다. 왜냐하면 마음속에 있는 숨은 동기를 인간은 알 수 없기 때문이다. 이 일이 누구와 연관이 되어 있는가를 생각한다면 나름대로 선과 악을 구분할 수 있다.

하나님과 관계된 일이면 그 일은 선한 것이다. 반면에 악한 일은 하나님 없이 나에게만 해당되는 일이다. 나에게만 유익이 되고 다른 사람에게는 피해가 된다면 그 일은 악한 것이다. 그러나 나에게도 좋고 다른 사람에게도 유익하며 더 나아가 하나님의 마음에도 든다면 그 일은 분명히 선한 일이다. 우리는 일을 할 때 모두가 좋은 그 일을 찾아서 해야 한다. 이것이 인생을 잘사는 길이다.

선한 일이라고 생각되면 내가 먼저 그 일을 하는 것이 중요하다. 다른 사람들의 눈치를 볼 것 없다. 좋은 일은 먼저 하는 것이 좋다. 순서를 따지지 마라. 은혜가 오는 사람이 먼저 하면 된다. 예수님이 제자들과 최후 만찬을 하실 때 아무도 발을 씻는 일을 하지 않았다. 당연히 제자 중에서 한 사람이 이 일을 해야 하는데 모두가 눈치만 보고 앉아 있었다. 집주인이 없다 보니 이런 상황이 생긴 것이다. 이때 예수님이 먼저 일어나셔서 제자들의 발을 씻기셨다. 먼저 하는 것이 은혜받은 사람의 모습이다.

좋은 일이 있는가? 그것이 눈에 보이는가? 그러면 순서를 따지지 말고, 나이와 연륜을 따지지 말고 먼저 그 일을 행하라. 설사 그 일이 궂은 일이라 해도 그렇게 함으로 하나님의 나라가 세워지고 하나님의 뜻을 이룰 수 있다면 먼저 시작하는 것이 현명하다. 나이가 든다는 것은 무엇이든지 앞장서서 하는 것을 말한다. 모범을 보이면서 "나를 따르라"고 말할 수 있다면 더 좋을 것이다. 십가가의 길은 뒤에 서면 안 된다. 앞장설 때 복이 있다.

하나님은 타락한 이스라엘을 향해 누가 가서 복음을 전할 것인지 물으셨다. 그때 이사야가 "나를 보내소서 내가 여기 있나이다" 하고 자신을 먼저 드렸다. 이 일은 쉬운 일이 아니었다. 이스라엘의 상태는 악해졌기에 이사야가 가서 전해도 듣지 않을 것이었다. 실패할 것을 알고 가는 것은 쉬운 일이 아니다. 이렇게 강퍅한 백성에게 가서 말씀을 전한다는 것은 분명 고난의 일이다. 그러나 이사야는 자신을 먼저 드려서 하나님의 일에 앞장섰다. 성공이 보이면 가고 그렇지 않으면 가지 않는 것은 아직 복음의 선두주자가 되지 못한 것이다.

나이 든 사람들이 먼저 앞장선다면, 그리고 희생을 감당한다면 나이 드는 것은 분명 능력이다. 오늘도 이런 나를 꿈꾸자. 화해할 일이 있는가? 용서를 구할 일이 있는가? 아직 풀리지 못한 관계가 있는가? 그렇다면 먼저 화해하고 용서하면 어떨까? 그것이 멋지게 나이 든 사람의 몫이 아닐까?

**생활에 적용해 보자.**

- 집안에서 먼저 할 선한 일은 무엇인가?
- 어떻게 하면 내가 먼저 나서서 힘든 일을 할 수 있는가?
- 먼저 사과하고 용서하고 화해하는 일이 서툰 이유는 무엇인가?

# Part 05

# 모든 일은
# 생각에 따라 달라진다

# 22

# 만사는 생각하기에
# 달렸다

모든 일은 생각하기에 따라 달라진다. 사람은 갈대처럼 연약한
육신을 가졌다. 그러나 사람은 어느 피조물에도 없는 생각하는 능
력을 가졌다. 사람의 위대성은 여기에 있다. 생각 하나만으로도
모든 것을 변화시킬 수 있다. 생각만 살아 있다면 언제든지 다시
시작할 수 있다. 생각만 바꾸면 오늘 당장 행복할 수 있다. 생각의
폭만 넓혀 보면 위대한 일을 창조할 수 있다. 아무리 힘든 일이라
도 생각 하나만 있으면 능히 이길 수 있다. 이런 놀라운 생각의 힘
이 우리 안에 있다는 것은 경탄할 일이다.

오래전에 성 아우구스티누스는 우리에게 이렇게 조언했다.

당신이 슬프거나 괴로운 일에 부딪치거든
다음과 같이 생각하십시오.
지금 일어나고 있는 일들은 앞으로도 있을 것이고
나뿐 아니라 다른 사람들도 당하고 있는 일이라고.

또 이렇게 생각하십시오.
이런 일들은 오늘 처음이 아니고 과거에도 있었으며
단지 다 잊어버리고 무관심했을 뿐이라고.

당신을 슬프게 하고 괴롭히는 일들을
하나님의 시련으로 받아들이십시오.
쇠는 달구면 달굴수록 강해집니다.
당신도 지금의 시련을 통해서 더욱 굳세어질 것입니다.

생각하기에 따라 상황은 완전히 달라진다. 생각 하나만으로도 상황을 변화시킬 수 있다. 믿음의 생각을 가지면 도저히 움직일 수 없는 산일지라도 옮길 수 있다.

나이가 들면서 경계해야 할 것은 생각이 죽어가는 일이다. 나이가 든다고 생각까지 늙는 것은 아닌데도 우리의 생각은 늙기 쉽다. 모든 인생의 문제는 생각에서 결정된다. 생각 하나만 잘해도 모든 것을 단번에 해결할 수 있다. 그러나 생각에서 그르치면 아무것도 할 수 없다. 먼저 생각을 살려야 한다. 할 수 없다고 생각하면 결국 아무것도 하지 못한다. 그러나 할 수 있다고 생각하면 무슨 일이든지 할 수 있다.

크리스천에게는 모든 일을 할 수 있다고 생각하게 하는 중요한 것이 있다. 하나님을 향한 믿음이다. 하나님을 신뢰하면서 나아갈 때 우리의 생각은 놀랍게 힘을 받는다. 할 수 없다고 생각하는 순간 우리 뇌는 그것을 못하게 작동을 시작한다. 자기 스스로 의지를 꺾게 만든다. 그리고 아무것도 실행하지 못하게 한다. 생각에서 패배하면 모든 것에서 실패한다. 세상을 눈이 아닌 생각으로 보라. 손으로 나를 만지는 것이 아닌 생각으로 나를 만지는 것이다. 나의 생각을 거룩하게 만들어라. 그리고 그 생각에서 나의 성공을 꿈꾸어 보자.

**이렇게 기도하자.**

- 생각에서 죄를 짓지 말게 하소서!
- 마땅히 생각할 그 이상의 생각을 품지 말게 하소서!
- 생각을 주님의 말씀에 복종하게 하소서!
- 생각에서 가능성을 보게 하소서!

# 23

# 매일 생각을
# 새롭게 하라

『파브르 곤충기』에 이런 내용이 나온다.

"사람을 빼놓고는 자살하는 생물은 없습니다. 왜냐하면 그들은 죽는
것을 모르기 때문입니다. 우리 인간이 인생의 고뇌를 깨닫고 죽으면 그
고뇌에서 벗어난다는 것을 아는 것은 특권을 받은 것입니다. 그러나 그
특권을 구사하여 행위에 옮긴다는 것은 비겁한 일입니다."

맞는 말이다. 특히 우리나라는 자살하는 사람이 많다. OECD
32개 회원국 중에 1위가 한국, 2위가 헝가리, 3위가 일본, 4위가
핀란드이다. 그리고 회원국의 평균 자살률이 11.2명인데 비해 한

국은 2배 이상 많은 26명을 기록하고 있다. 한국은 2003년부터 전통적으로 자살률이 높았던 헝가리, 일본을 제치고 계속 1위로 집계되며 '자살공화국'의 오명을 쓰고 있다. 또 20~30대 사망원인 중에 1위가 자살로 나타났다. 특히 나이가 든 소외된 노인들의 자살률이 다른 연령에 비하여 높게 나타나고 있다. 하루 평균 자살률은 42명이다. 대단한 수치다. 통계로 나오지 않은 수치까지 생각하면 더 많을 것이다. 자살률 증가 원인으로는 급속한 고령화에 따른 소외감을 들고 있다. 또 청년 실업, 외환위기 이후의 고용 불안 등으로 인한 젊은 세대의 경제적 어려움이다. 자살은 이제 개인 문제만 아닌 사회적 문제가 내재되었다는 것을 알 수 있다.

자살은 인간이 생각하는 존재이기 때문에 가능한 일이다. 이런 극단적인 일은 잘못된 생각에서 나온 것이다. 바른 생각을 하면 자살하지 않는다. 생각이 병적인 상태가 되면 이런 결정을 하게 된다. 하지만 생각을 바르게 하면 자살을 막을 수 있다.

바른 생각을 갖기 위해서는 평소에 생각을 연마하는 훈련이 필요하다. 사람은 생각하는 동물이다. 생각이 인간을 인간 되게 한다. 자기 성찰을 하면서 자신을 새롭게 보는 시간을 가지는 것이 유익하다. 그것은 매일 새롭게 생각하는 시간을 가지는 일이다. 세상 사람들은 이런 생각을 평소에 갖지 못한다. 그러다가 어느 날 어려운 일이 닥치면 생각에 골똘히 잠기다가 잘못된 결정을 내린다. 좀 더 생각해야 하는데 그것으로 모든 생각을 정리하는 사람이 있다. 물론 자살을 하기 전에는 많은 생각을 하겠지만 그렇게 해서는 안 된다. 평소에 인생에 대해서 늘 생각하는 시간이 필요하다. 그렇게 되면 어려운 순간이 닥쳐도 능히 이길 수 있다. 우리가 잘못된 행동을 하는 것은 생각에 병이 들었기 때문이다. 건강한 생각을 갖는다면 잘못된 행동을 하지 않는다.

크리스천은 세상 사람들과 비교하여 좋은 점이 있다. 적어도 일주일 중에 하루는 예배당에 나와서 예배 드리면서 하나님 앞에서 자기를 돌아보는 것이다. 매일 성경을 읽기도 하고 기도도 한다. 이것은 우리의 정신과 생각을 온전하게 하는 데 매우 유익하다. 평소에 꾸준히 이런 시간을 가지면 어려운 일을 이길 수 있다. 얼마나 좋은 일인가? 그러나 세상 사람들은 시간이 되면 오락과 운동과 여행으로 시간을 보낸다. 자신을 돌아볼 퇴수 시간이 없다. 아니면 오직 일에만 매달린다. 그러다가 어려운 문제가 닥치면 당황해 하고 어쩔 줄 모른다. 생각을 갑자기 하다 보니 잘못된 판단을 내리는 것이다. 사람들은 스스로 생각의 오류에 빠지는 것을 감지하지 못한다. 자기 생각이 옳다고 여겨지면 바로 결정을 내린다. 고학력자와 노인일수록 이런 결정을 내리기 쉽다. 누구에게 물어보지 않고서 혼자 결정을 한다.

내가 어릴 때 생활의 지침으로 삼았던 고사성어가 있다. '일일신 우일신日日新 又日新'이라는 글귀다. 늘 새롭게, 하루하루를 다르게 살아가는 것이다. 한 번 지나간 시간은 다시 돌아오지 않는다. 분명히 시간상으로 보면 똑같은 24시간 중에 하나이지만 종말을 향해 나간다는 면에서 보면 오늘 시간은 새로운 시간이다.

우리는 매일 생각을 새롭게 하는 것이 필요하다. 말씀과 기도로 나를 새롭게 바라보고 하나님 앞에서 자기를 돌아보는 시간은 유익하다. 이런 시간을 통해 우리의 생각의 근력을 키우고 영혼의 힘을 축적해야 한다. 그렇게 되면 어떤 어려운 일이 닥쳐도 충분히 이길 수 있다. 갑자기 문제가 닥치면 그때는 늦다. 아무리 생각한들 문제 해결이 어렵다. 평소에 우리의 생각을 새롭게 발전시켜 나가도록 하자. 나이가 드는 만큼 생각도 발전하고 깊어지도록 하는 것이 필요하다. 물론 그 생각은 자기 혼자 하는 것이 아닌 하나님의 말씀을 통해 조명하는 것이 되어야 한다. 그렇지 못하면 오히려 그 생각으로 문제가 더 커질 수 있다. 자기 생각에 깊게 몰입하기보다는 하나님의 나라 속에서 자기를 돌아보는 것이 바람직하다. 그래야 우리의 생각이 바른 모습으로 발전된다. 지금이라도 말씀을 통해 매일 나의 생각을 연단하고 새롭게 하면 어떨까?

**이렇게 해보자.**

- 생각을 결정하기 전에 성경의 어느 내용과 관련이 있는지 찾아 보자.
- 내 생각을 잠시 '예수님이라면 어떻게 생각하실까?'로 바꾸어 생각해 보자.
- 매일 성경을 읽고 묵상하면서 나의 생각과 성경의 생각을 비교하는 시간을 갖자.
- 나의 것을 구하는 기도에 앞서 나의 생각을 하나님의 뜻과 일치시키는 기도를 하자.

# 24

# 지식보다 지혜에
# 집중하라

　사람의 생각을 발달시키는 두 가지 측면은 지식과 지혜다. 지식
은 인간의 이성으로 사고하는 것이다. 그것은 주로 눈에 보이는
것들이다. 지식은 사실적인 정보를 수집하고 저장하는 데 사용된
다. 사람들은 가능한 많은 지식들을 머리와 마음에 두려고 한다.
지식은 받아들인 정보와 자료들을 복사해서 다시 생각으로 재출
력하면서 효과를 발휘한다. 지식은 있는 것을 그대로 옮기는 작업
이다. 공부 잘하는 사람이 되는 것은 간단하다. 암기를 잘하고, 배
운 것을 정확하게 재현해내면 그는 공부 잘하는 사람이 된다. 이
것을 지식적인 공부라고 말한다. 그동안 우리는 생활까지 이르지
못하는 지식공부를 많이 해왔다. 이것은 지금도 계속되고 있다.

이런 공부는 상급학교를 들어가기 위한 절차로 주로 사용된다. 상급학교에 들어가면 이전의 지식은 버리는 경우가 많다. 실생활에 적용이 안 되기 때문이다. 그렇다고 해서 지식적인 공부가 불필요한 것은 아니다. 전반적인 내용을 이해하고 알기 위해서는 보편적인 지식공부가 필요하다. 우리는 기본적인 정보와 상식적인 내용을 지식을 통해서 습득한다. 꼭 알아야 할 내용들을 중심으로 지식을 습득하는 것은 유익하다. 그러나 지식은 지식을 위한 것이 아닌 지혜를 위한 것임을 늘 잊지 마라. 자신과 상관없는 세부적이며 전문적인 지식을 공부하는 데 시간을 많이 투자하는 것은 시간 낭비다. 자칫 적용되지 않는 지식만 축적될 수 있다. 그것은 인간을 교만으로 가게 하는 위험이 있다. 머리로 이해하고 알고 있는 것이 실제 삶에 나타나지 않는 이유는 여기에 문제가 있기 때문이다.

그렇다면 이 문제를 어떻게 해결해야 하는가? 그것은 지혜를 얻는 것이다. 그렇다면 지혜는 무엇인가? 지혜는 배운 지식을 삶에 적용하는 것이다. 지식에 그치면 아무 소용이 없다. 지식이 지혜로 이어질 때 비로소 참된 교육이 된다. 이것이 우리 교육이 하루빨리 지식에서 지혜로 나아가야 하는 이유다. 지혜가 있어야 살아 있는 교육이 된다.

지혜는 문제를 해결하는 능력이다. 배운 지식을 삶에 실천하는 힘이다. 이것을 위해서는 지식을 소화해서 나의 것으로 만들어야 한다. 그리고 그것에 나의 삶을 걸어야 한다. 그렇지 못하면 지식이 지혜로 나타나지 못한다. 예를 들어 '정직'에 대해서 배웠다면 정직을 삶에 실천하는 것이 지혜이다. 그러나 그것은 말처럼 쉬운 일이 아니다. 나의 힘으로는 안 된다. 이 힘은 내 안에 있는 것이 아니라 위로부터 부여되기 때문이다. 지혜는 하나님이 주시는 것이다. 지혜는 하나님이 주실 때 가능하다. 하나님이 지혜를 주시면 그것을 실천하는 힘을 얻어서 어려운 문제를 해결할 수 있다.

하나님은 솔로몬에게 지혜를 주셨다. 그래서 솔로몬은 어려운 문제도 잘 해결할 수 있었다. 솔로몬의 지혜를 잘 보여주는 한 예가 성경에 나온다.

어느 날 두 명의 창기가 솔로몬에게 와서 한 아이를 놓고 서로 자기 아이라고 말했다. 왕에게 공정한 재판을 해달라고 요구하는데 판결이 쉽지 않다. 그들은 나름대로 이유를 들어서 자기 아들임을 강조했다. 솔로몬은 난감했다. 두 여자의 속을 알 수 없는 상황에서 누가 아이의 어머니인지 분별하기 어려웠다. 지식으로는 해결할 수가 없었다. 이것을 해결하기 위해서는 지혜가 필요했다.

솔로몬은 그 아이를 둘로 나누어 두 여자에게 주라고 말했다. 그러자 한 여자가 아이를 죽이지 말고 다른 여자에게 주라고 했다. 다른 여자는 아이를 나누어서 둘 다 가질 수 없게 하라고 말했다. 이에 솔로몬은 아이를 죽이지 말라고 한 여자가 아이의 어머니라는 판결을 내렸다(왕상 3:16~27).

성경은 이런 솔로몬에게 '하나님의 지혜'가 있었다고 말한다. 이것이 하나님이 주신 지혜의 의미다.

많은 지식을 얻는 데 시간을 투자하기보다는 알고 있는 지식을 실천하고 적용하는 데 시간을 투자하는 것이 현명하다. 한 번도 사용하지 못하고 죽을 공부를 죽는 순간까지 하는 어리석은 사람이 있다. 나이가 들면서 우리는 지식을 실천하는 데 시간을 보내고 그것을 적용하는 지혜를 구해야 한다. 이것을 위해서 하나님께 기도해야 한다. 지혜는 인간의 힘으로는 안 된다. 하나님이 능력을 주셔야 가능하다. 30세 이전에는 지식을 얻는 데 시간을 많이 투자했다면 30세 이후부터는 지혜를 얻는 데 시간을 투자하라. 세상을 변화시키는 것은 많은 지식을 아는 것이 아니라 그것을 실천하는 데 있다.

말씀을 공부하는 것도 이와 같다. 지식적으로 말씀을 공부하는 데만 시간을 보내는 것은 바람직하지 않다. 알고 있는 것을 실천에 옮기는 것이 필요하다. 예수님이 산상수훈에서 강조한 반복적인 핵심내용이 있다. 말씀을 듣고 행하라는 것이다. 그런 사람이 지혜로운 사람이라고 말씀하신다.

들은 말씀을 지켜 행하는 데까지 나가는 사람이 지혜로운 사람이다. 많이 공부하고 알고 있지만 그것을 삶에 실천하지 않는 사람은 어리석은 사람이다. 공부를 많이 할수록 더 어리석게 될 수 있는 이유가 여기에 있다. 나이가 들면서 우리는 지식보다 지혜에 더 관심을 갖고 그것을 달라고 기도해야 할 것이다. 사실 지식을 얻는 공부는 쉽다. 지식은 마음먹으면 누구나 얻을 수 있다. 그러나 지혜는 아무나 얻을 수 있는 것이 아니다. 하나님의 능력을 입지 못하면 얻을 수 없다. 자기를 부인하고 십자가를 따르는 결단이 없으면 불가능하다. 하나님의 지혜는 하나님께 자신을 바치고 헌신하는 사람에게 주어진다. 그런 사람이 말씀을 실천하는 삶을 산다. 나이가 든다는 것은 곧 이 비밀을 깨달아간다는 것이 아닐까? 나이 든 사람이 먼저 실천하는 모범을 보인다면 얼마나 멋있을까? 하나님의 능력과 지혜를 구하여 말씀을 삶에 적용하는 지혜로운 내가 되도록 간절히 소원하자.

## 지혜를 얻는 비결

• 지혜의 근원이신 하나님을 사랑하라.

• 인생의 목표를 하나님에게 정하고 지혜를 구하라.

• 지혜로운 사람의 본보기를 찾아 닮도록 하라.

• 기도하면서 하나님의 도우심으로 해결하는 힘을 길러라.

• 문제를 만났을 때 피하지 말고 적극적으로 들어가 해결하도록 하라.

• 문제가 있다는 것은 곧 답이 있음을 의미한다는 것을 생각하라.

• 계속 질문을 던지면서 해결점을 모색하라.

• 나의 의를 드러내기 위함이 아닌 하나님의 이름을 드러내기 위해 실천
  하라.

# 25

## 긍정적인 생각을 가져라

생각은 사람에게 매우 중요하다. 어떤 생각을 하느냐에 따라 행동이 달라지기 때문이다. 사람에게는 크게 두 가지 생각이 있다. 긍정적인 생각과 부정적인 생각이다. 낮과 밤이 공존하듯이 사람에게는 두 개의 생각이 늘 교차한다. 요즈음 '긍정의 힘'이라는 주제가 사람들에게 인기가 있다. 긍정이라는 말에는 잘된다는 의미가 들어 있다. 사람은 누구나 잘되기를 바란다. 그런 의미에서 '긍정의 힘'은 충분히 신드롬을 일으킬 만한 주제다. 그러나 긍정적인 생각을 갖는다고 실제로 하는 모든 일마다 잘되는 것은 아니다. 살다 보면 안 되는 일이 더 많다. 그럼에도 늘 긍정적인 생각을 갖고 살아가는 것이 좋다. 나도 언젠가는 잘될 수 있다는 소망과 희망을 갖고 살면 삶의 에너지를 얻을 수 있기 때문이다.

여기서 한 가지 숙고할 내용이 있다. 그것은 긍정과 부정을 나누어 이해하는 일이다. 이것은 성경적인 생각이 아니다. 하나님에게는 모든 것이 합력하여 선을 이룬다. 선하신 하나님의 성품으로 볼 때 항상 긍정이라는 말은 옳다. 그러나 그 긍정은 부정을 포함하는 긍정이다. 이분법적으로 생각하면 부정은 무조건 나쁜 것이 된다. 그러나 부정이 과연 나쁜 것인가? 꼭 그렇지만은 않다. "실패는 좋은 것인가? 나쁜 것인가?" 하고 물으면 무엇이라 대답할 것인가? 이중 하나를 선택하는 것은 위험하다. 두 개의 답이 다 해당된다. 실패는 인생에서 좋을 수도 있고 나쁠 수도 있다. 어떻게 받아들이느냐에 따라 달라진다. 그러므로 여기에서 긍정은 모든 것을 대하는 사람의 자세가 긍정이라는 말로 이해하면 좋을 것이다. 진정한 긍정은 철저한 자기부정을 통해서 온다. '좋다'는 의미를 긍정과 부정을 포함하는 총체적인 면에서 받아들이는 것이 바람직하다. '합력'이라는 말 속에는 긍정과 부정, 성공과 실패, 건강과 병, 가난과 부유함이 함께 포함된 것이다.

이 세상의 모든 것은 하나님 안에서 이루어진다. 하나님 안에서 바라보면 모든 것이 좋게 보인다. 크리스천이 말하는 긍정은 외형적이고 세상적인 긍정이 아닌 하나님 안에서 갖는 긍정이다. 크리스천은 긍정과 부정을 다 함께 본다. 이렇게 되면 타인을 정죄하고 비난하고 시기하는 일이 사라진다. 판단하는 일을 그치게 된다. 넉넉한 마음이 생기고 늘 좋은 생각으로 사물과 사람을 대한다.

'좋게 생각하라'는 것은 '무조건 덮어두라'는 의미가 아니다. 그것은 선하신 하나님의 측면에서 생각하라는 것이다. 하나님이 만드신 것은 선하다. 그것을 감사함으로 받으면 버릴 것이 없다. 하나님 안에서는 모두가 소중하다. 이런 생각을 가지면 그것은 좋은 생각이다.

나이가 들수록 우리는 좋은 생각을 갖고 세상을 보는 훈련이 필요하다. 이분법으로 나누지 말고 총체적으로 바라보는 시야를 길러야 한다. 그것이 하나님께서 보시는 방법이다. 하나님은 우리를 보실 때 과거, 현재, 미래를 함께 보신다. 그렇게 되면 한 가지만 가지고 판단하지 않는다. 과거의 모습으로 편견을 갖지 않는다. 모든 것이 합력하여 나중에는 좋은 것을 이루는 것을 알기 때문이다. 퍼즐 조각만을 가지고 평가하면 안 된다. 퍼즐을 다 맞춘 후에 보면 모두가 필요한 과정이었고 의미 있는 것이다. 어느 것 하나 불필요한 것이 없다. 사람을 대할 때도 이런 마음으로 대하면 크게 문제될 것이 없다. 서두르지 말고 인내하면서 나의 인생을 인도하시는 하나님을 바라보는 것이 중요하다. 이렇게 되면 일이 안된다고 안달하거나 잘된다고 교만하지 않게 된다. 평정을 갖고 인생을 살 수 있다. 얼마나 멋있는 사람인가? 나이가 들수록 이런 모습을 갖는 것이 중요하다. 그렇지 못하면 추해지고 사람들에게 외면당한다. 나이가 들수록 자기만 아는 고집쟁이가 될 수 있다.

우리는 구약성경에 나오는 고난당하는 욥을 알고 있다. 욥은 모든 것을 좋게 본 사람 중에 하나다. 하나님의 눈을 가진 대표적인 의인 중에 하나다. 욥은 자기에게 일어나는 모든 것을 선하고 아름다운 것으로 믿고 그 믿음을 유지하려고 노력했다.

욥이 당한 극심한 고난과 이해할 수 없는 재앙에 대해 욥의 아내가 "당신이 그래도 자기의 순전을 굳게 지키느뇨 하나님을 욕하고 죽으라(욥 2:9)"고 말하자 욥은 "우리가 하나님께 복을 받았은즉 재앙도 받지 아니하겠느뇨(욥 2:10)"라고 대답한다. 욥은 자기에게 닥치는 복과 재앙을 분리하지 않고 하나님이 주시는 것으로 이해했다는 점에서 위대하다. 이것이 진정한 의미의 긍정이다. 우리는 이런 긍정을 가져야 한다. 하나님에게는 성공하는 것도 긍정이지만 실패하는 것도 긍정이다. 자기의 유익을 위해 각자에게 필요한 일이고 감당할 시험이라면 말이다.

인생의 시간이 흘러가면서 생각이 넓어지고 하나님의 관점을 닮아가는 사람이 된다면 그것이 멋지게 나이 드는 사람이 아닐까?

## 긍정적인 생각을 갖기 위한 지침

• 모든 사람은 하나님의 사랑하는 자녀다.

• 결과는 하나님만이 아신다.

• 하나님이 주신 것은 모두 선한 것이다.

• 나의 인생은 하나님의 품 안에서 살아가는 삶이다.

• 하나님은 진실을 아신다.

• 하나님은 행한 대로 갚으신다.

• 인간은 모두 죄인이다.

• 나를 힘들게 하는 그 사람을 위해서 주님이 십자가에 달려 죽으셨다.

• 내가 아는 것보다 모르는 것이 더 많다.

# 26

# 하나님이 주신 하루를
# 감사하며 시작하라

'하루'라는 단어를 떠올리면 어떤 생각을 갖게 되는가? 하루는 단 하루지만 그 하루가 쌓여서 지금의 나이가 되었다. 벌써 내 나이가 50살이 넘었지만 실감이 잘 안 날 때가 많다. 60살이 넘은 분들에게 물어보아도 같은 대답일 것이다. 50살이 넘는 나이를 살았지만 그것은 숫자에 불과하다. 그 숫자가 나에게 그렇게 큰 영향을 주는 것은 아니다. 나이가 많다고 해서 그것이 나를 보다 가치 있게 만드는 것은 아니다. 그 숫자에 매이면 한없이 초라해질 뿐이다.

우리나라 사람들은 처음 만나면 나이를 물어보는 습성이 있다. 심지어 교회 안에서도 나이는 큰 역할을 한다. 나이가 많고 적은 것 때문에 다툼이 많이 일어난다. 나이가 든 사람이 나이가 적은 사람에게 대접받지 못했다고 화를 내는 경우를 많이 본다. 아직 나이의 의미를 모르기 때문에 나타나는 현상이다. 나이로 무엇을 해보려는 것처럼 초라한 것은 없다. 나이라고 하는 것은 하루하루가 쌓여서 된 것이다. 50이라는 숫자는 50년의 하루가 쌓인 것이다. 50의 숫자에서 가장 중요한 것은 1이다. 50살은 50년이라는 많은 숫자가 아닌 오늘 하루가 결정한다. 아무리 나이가 많이 들었어도 오늘 나의 모습이 어린아이 같으면 그 사람은 진정한 모습의 성인이라고 할 수 없다. 나이가 쌓인 만큼 오늘 하루의 모습이 아름다워야 한다.

모든 것은 하루에서 결정된다. 그중에서도 오늘 하루가 가장 중요하다. 오늘 하루를 살아가는 모습을 보면 나의 진정한 나이를 알 수 있다. 진정한 어른이라면 젊은 사람보다 마음이 넉넉하고, 이해심이 많고, 용납하고 용서하는 마음이 깊어야 한다. 그것이 멋지게 나이 드는 것이다.

우리나라는 대체적으로 며느리와 시어머니 사이가 좋지 않다. 고부관계는 다른 관계와 다르게 안 좋은 사례가 많다. 서로 상극 관계로 살아간다. 그런데 대부분은 며느리보다 나이 든 시어머니에게 문제가 있는 경우가 많다. 시어머니가 멋있게 나이 들지 못하고 아직도 어린아이 수준에 있다 보면 고부간의 다툼은 끊이지 않는다. 한 사람이 넉넉해야 하는데 둘 다 같은 수준이 되면 싸우게 될 수밖에 없다. 마치 어린 형제들이 아무것도 아닌 일에도 싸우고 다투듯이 고부간에도 이런 일이 일어난다. 나이가 든다는 것은 상대방을 이해하는 연륜이 깊어진다는 것이다. 같은 시냇물은 서로 먼저 앞에 나가기 위해서 경쟁을 할 수 있지만 바다와 만나면 더 이상 경쟁상대가 안 된다. 바다 같은 시어머니와 시냇물 같은 며느리가 만나면 문제될 것이 없다.

멋지게 나이 드는 것은 하루를 잘사는 데 있다. 잘사는 하루가 쌓이면 매일 행복하고 매일 발전된다. 그렇게 나이가 들수록 멋있는 사람이 된다. 오늘 하루에 충실하지 못하면 내일도 충실할 수 없다. 미래는 오늘 하루에서 결정된다. 또 하나 방법은 오늘 하루를 하나님이 주신 하루라고 생각하면서 살아가는 것이다. 하루를 하나님이 주신 선물로 이해하면서 살면 모든 것이 감사하게 된다. 숨을 쉬고 사람들을 만나고 이렇게 건강하게 지낼 수 있는 것만 해도 기쁘고 즐겁다. 인간에게 욕심이 생기는 것도 내일이 있다고 믿기에 생기는 것 아닌가? 만약 오늘 하루가 나의 마지막이라고 하면 그렇게 탐욕스럽게 살 수 있을까? 미움과 시기로 잠을 못 이룰까? 그렇지 않을 것이다.

우리는 오늘도 하나님이 선물로 주신 하루를 살아가고 있다. 덤으로 사는 것이다. 어쩌면 나의 인생은 벌써 끝날 수도 있었는데, 하나님의 긍휼로 오늘 하루를 살게 하신 것이라고 생각하면 오늘 나의 하루는 많이 달라질 것이다. 더 많이 나누어 주고 이해하고 사랑하고 용서하는 일에 시간을 투자해야 한다는 생각이 들 것이다. 이런 마음으로 하루를 살아가면서 연륜과 나이가 든다면 어느 날 나는 참으로 멋있는 사람이 될 것이다. 나이가 들면서 만들어지는 품격과 향기는 이웃을 행복하게 할 것이다.

당신도 이렇게 나이 들고 싶지 않은가? 그러면 오늘을 잘살아야 한다. 하나님이 주신 하루에 감사함을 가지고 선한 일에 하루를 바쳐보면 어떨까?

### 이렇게 실천해 보자.

- 자리에서 일어나서 "하나님 감사합니다" 하고 외치면서 찬양해 보자.
- 아침 산책을 하면서 호흡과 건강을 감사하고, 가족과 대화를 나누면서 가족에 대한 감사를 하고, 일을 하면서 일을 주신 데 감사하면서 하루를 살아가자.
- 하루를 마치고 잠자리에 들면서 하나님의 품 안에 거하게 됨을 감사하는 기도를 하자.

# 27

## 날마다 성장하는
## 사람이 되어라

나이를 대단하게 생각하고 나이에 따라 모든 것을 결정하려는 사람들이 있다. 그러나 나이보다 더 중요한 것이 있다. 그것은 성장하고자 하는 마음이다. 사실 그것이 사라지는 것이 나이가 드는 것보다 더 무서운 것이다. 나이가 드는 것이 문제가 아니라 성장이 멈추는 것이 문제다. 사람의 육신은 비록 쇠하지만 마음과 생각마저 쇠하면 안 된다.

미국의 유명한 시인 H. W. 롱펠로우는 나이가 들어 머리가 하얗게 세었지만 얼굴과 피부는 아주 젊었다. 오랜만에 만난 친구가 롱펠로우를 보고 깜짝 놀라 물었다.

"아니, 자넨 어쩌면 그렇게 젊은가? 비결이라도 있는가? 있다면 나에게도 좀 알려주게."

롱펠로우는 정원의 커다란 나무를 가리키며 말했다.

"저 나무를 보게나. 무척 오래된 고목이지. 그러나 매년 저렇게 아름다운 꽃을 피우고 열매를 맺는다네. 그것이 가능한 것은 비록 고목이지만 매일 조금씩이라도 성장하고 있기 때문이지. 나도 마찬가지라네. 나이가 들었지만 그래도 조금씩 성장해야겠다고 마음을 먹고 늘 노력하다 보니 이렇게 젊게 보이는 것 같네. 이것 말고 다른 비결은 없네."

롱펠로우의 시 「인생 찬가」에 이런 내용이 있다.

슬픈 사연으로 내게 말하지 마라.
인생은 한낱 허황된 꿈에 지나지 않는다고!
잠든 영혼은 죽은 것이니
만물의 겉모양 그대로만은 아니다.

인생은 진실이다. 인생은 진지하다!
무덤이 인생의 종말이 될 수는 없다.
너는 본래 흙이니 흙으로 돌아가리라.
이것은 영혼을 두고 한 말은 아니다.

인생이 가야 할 곳, 혹은 가는 길은
향락도 아니고 슬픔도 아니다.
내일의 하루가 오늘보다 낫도록
행동하는 그것이 인생이다.

예술은 길고 세월은 빨리 간다.
우리의 심장은 튼튼하고 용감하지만
싸맨 북소리처럼 둔하게
무덤으로 가는 장송곡을 계속 울린다.

이 세상 드넓은 싸움터에서
인생의 노영에서
말 못하고 쫓기는 짐승같이 되지 말고
싸움터에 나선 영웅이 되라.
아무리 즐거워도 미래를 믿지 마라.
죽은 과거는 그대로 묻어버려라.
행동하라. 살아 있는 현재에 행동하라.
가슴 속에는 심장이 있고, 머리 위에는 신이 있다.

위인들의 생애는 우리를 깨우친다.
우리도 장엄한 삶을 이룰 수 있고

이 세상 떠날 때는 시간의 모래 위에
발자국을 남길 수 있다.

그 발자국은 훗날 다른 이가
인생의 장엄한 바다를 항해하다가
조난당해 외롭게 버려진 형제의 눈에 띄어
새로운 용기를 얻게 될 것이다.

그러니 우리 모두 일어나 일하자.
어떤 운명에도 굴하지 않는 용기를 갖고
끊임없이 이루고 도전하면서
일하며 기다림을 배우자.

영국의 시인 브라우닝은 "인생은 자고 쉬는 데 있는 것이 아니라 한 걸음씩 걸어나가는 데 있다"고 말했다. 사람들은 대개 나이가 들면 아무 희망이 없다고 낙심하며 무료하게 보내기 쉽다. 자기 발전이나 성장에 대해서는 더 이상 관심이 없다. 이런 사람은 더 늙어가고 마음도 극심하게 쇠한다. 주위를 보면 이처럼 죽을 날만 기다리며 다른 일을 시작할 엄두도 내지 못하고 노년을 보내는 사람들이 있다. 그러나 인생은 그렇지 않다. 지혜는 노인에게서 가장 많이 배울 수 있다. 노인은 경험이 풍부해서 젊은이들보다 지혜로울 수 있을 뿐만 아니라 사람들에게 전달하는 역할을 한다. 이것은 노인들이 우리에게 주는 유익점이다. 나이가 들어도 멈추지 않고 계속 자기 발전을 꾀한다면 나이를 초월한 젊음을 유지할 수 있다. 육신이 쇠하는 것은 막을 수 없지만 영혼과 마음은 나이와 상관없이 젊게 살 수 있음을 기억하자.

### 나이보다 젊게 사는 법

- 늘 희망을 가지고 살아가라.
- 하고 싶은 일을 찾아 열정을 가지고 몰두하라.
- 긍정적으로 살아가라.
- 오늘이 마지막이라 생각하고 살아가라.
- 삶을 하나님이 주신 축복이라 생각하고 즐겨라.
- 믿음을 가지고 시도하면 불가능이 없다고 확신하라.
- 끝까지 포기하지 마라.

## Part 06

# 멋진 성품을
# 가꾸어 가자

# 28

# 좀 더 경청하라

'경청'은 상대방의 말과 행동에 대해서 집중하여 잘 듣는 것이다. 모든 것은 듣는 것에서 시작된다. 듣는 것을 실패하면 아무것도 이룰 수 없다. 구약성경에 나오는 '쉐마'의 교육법의 핵심은 '이스라엘아 들으라'이다. 하나님에 대한 믿음도 들음에서 난다. 학생들이 공부 잘하는 비결은 선생님의 말씀을 잘 듣는 데 있다. 공부를 잘하지 못하는 학생들의 특징은 선생님의 말씀을 잘 듣지 못한다는 것이다. 다시 말해 경청이 약하다. 수업시간에 집중력을 가지고 들어야 하는데 그렇지 못하고 산만하다. 나중에는 무엇을 들었는지 생각조차 나지 않는다. 그러니 시험 성적이 좋을 리 없다. 상대방의 말을 잘 듣기 위해서는 집중력이 있어야 한다. 집중력을 갖기 위해서는 상대방을 신뢰하고 좋아해야 한다. 그렇게 되면 자연히 상대방의 말에 귀를 기울이게 된다.

경청한다는 것은 상대방을 존경하고 존중한다는 의미가 있다. 그런 마음으로 상대방의 이야기를 들어주면 사람들은 좋아한다. 가끔 부모들이 아이의 말에 잘 경청하지 않는 것을 본다. 왜 그럴까? 그것은 아이를 존중하지 않기 때문이다. 어른들은 나이가 어리다는 이유로 아이들을 무시하기 쉽다. 그렇게 되면 당연히 아이들의 말을 건성으로 듣게 된다. 부모와 자녀 관계가 좋지 않은 것은 서로에게 경청의 자세가 안 되었기 때문이다.

사람들은 누구를 좋아하는가? 나의 말을 잘 들어주는 사람이다. 상대방의 이야기를 잘 경청하는 것만으로도 문제의 반절은 해결된다. 상담에서 가장 중요한 것은 상대방의 말을 잘 들어주는 데 있다. 그런데 왜 사람들은 다른 사람의 이야기를 잘 들으려 하지 않는가? 그것은 자기애가 강하기 때문이다. 자기 이야기만 하고 다른 사람의 말은 들어주지 않으려는 습성을 가진 사람들이 많다. 인간의 이기심 때문에 나타나는 현상이다. 이런 사람은 하나님에 대한 경청도 부족하다. 사람은 하나님의 말씀을 잘 들을 때 복을 받는다. 들음에서 복이 오는데 사람들은 그것을 잘 못한다.

"훈계를 들어서 지혜를 얻으라 그것을 버리지 말라" (잠 8:33)

하나님의 말씀을 잘 들으면 지혜를 얻게 된다. 지혜로운 사람은 잘 듣지만 어리석은 사람은 들으려 하지 않는다.

나이가 들면서 가져야 할 좋은 성품 하나는 상대방의 이야기를 잘 들어주는 것이다. 이런 성품을 가지면 사람들에게 존경을 받게 된다. 그런데 나이가 든 사람들은 듣기보다는 말하는 데 익숙하다. 이것은 그만큼 나이가 들수록 경청이 약해진다는 것을 의미한다. 왜 그럴까? 사람에 대한 존경심이 사라지기 때문이다. 특히 나이가 어린 사람들을 무시하고 자기가 제일이라는 생각이 은연중에 있기 때문에 다른 사람의 말을 듣기보다는 자기가 말을 많이 하려고 한다.

상대방의 이야기를 충분히 들어보고 그것에 맞는 지혜로운 조언을 해주는 것은 현명한 일이다. 그러나 남의 이야기를 듣지 않고 나의 말만 하다 보면 실수할 가능성이 많다. 겸손하게 자신을 돌아보면 아는 것보다 모르는 것이 더 많다는 것을 알게 된다.

"사연을 듣기 전에 대답하는 자는 미련하여 욕을 당하느니라" (잠 18:13)

소크라테스는 '너 자신을 알라'는 유명한 말을 했다. 어느 제자가 소크라테스에게 물었다. "그렇다면 선생님은 자신을 아십니까?" 그러자 소크라테스는 이렇게 말했다. "아는 것이 하나 있는데 그것은 내가 모른다는 것을 안다는 것이다." 내가 안다고 생각하면 상대방의 이야기를 듣지 않으려 한다. 그러나 내가 아직도 모르는 것이 많다고 생각하면 경청하게 된다.

나이가 들면서 상대방의 말에 좀 더 경청한다면 그 사람은 존경받는 사람이 될 것이다. 귀와 시선과 마음을 집중하여 상대방에게 경청하자. 그것을 내 몸에 배도록 하자. 상대방의 말을 잘 들어주고 관심을 갖는 것은 가장 쉽게 할 수 있는 사랑의 방법이다.

### 경청 연습하기

- 상대방의 말을 들을 때 집중력을 가지고 상대방을 응시하라.
- 말뿐 아니라 그가 하는 모든 것에 집중하여 응시하라.
- 집중력을 갖기 위해서 다른 환경적인 방해 요인을 제거하라.
- 경청하는 것은 상대방을 존경하고 사랑하는 한 방법임을 생각하라.
- 작은 것이라도 늘 배우는 자세로 경청하라.
- 어린아이 하나라도 주님께 하듯 소중하게 대하라.

# 29

# 좀 더 배려하라

'배려'란 무엇인가? 상대방에게 사랑과 관심을 갖고 보살피고 유익이 되도록 돕는 것이다. 다시 말해 사랑의 표현이다. 그러나 남을 먼저 배려하는 것은 쉽지 않다. 배려는 상대방을 아끼고 사랑하는 마음이 있어야 가능하다.

부모가 자녀를 키우는 것을 보면 자녀를 얼마나 배려하는지 모른다. 집안에 위험한 물건은 놓지 않는다. 아이가 만질 수 없는 곳으로 치워버린다. 아이가 다니는 길을 잘 치워서 안전한 환경을 만든다.

자녀는 부모의 이런 배려를 받고 자란다. 배려는 관심에서 시작된다. 부모는 자녀의 작은 것에도 관심을 갖고 놓치지 않는다. 그냥 지나치는 것 같아도 세심히 살피고 주의한다. 배려는 대가를 바라지 않는 것이다. 그냥 베풀어 주는 것이다. 배려는 나보다 상대방을 먼저 생각하는 것이다. 상대방의 유익을 구하는 마음으로 상대방에게 친절을 베푸는 것이다.

이웃을 대할 때도 부모가 자녀에게 하는 것처럼 배려하는 마음을 가지고 대하면 얼마나 좋을까? 배려하는 한 사람으로 인하여 공동체와 가정은 즐거운 곳이 된다. 그러나 배려하지 않는 가정, 사회와 공동체는 지옥과 같다.

선진국은 배려하는 사람이 많은 사회를 말한다. 선진국은 장애인과 약자와 소외된 사람, 어린이나 실패한 사람 등을 국가와 사회 차원에서 배려하고 도와준다. 사회적 약자들을 도와주는 것에 인색하거나 손해 본다고 생각하지 않는다. 세금 내는 것을 불평하지 않고 더 많은 세금을 낼 수 있는 것을 즐겁게 생각한다. 이런 사회는 아름답다. 이런 사회에 함께 하는 것만으로도 행복하다. 남을 배려하는 사람을 만나면 하루가 즐겁다. 그런 사람들 주위에는 사람들이 몰린다.

배려는 "네 이웃을 네 몸과 같이 사랑하라(마 22:39)"는 말씀을 실천하는 것이다. 배려가 나에게서 일어나기 위해서는 상대방을 또 다른 나로 이해하는 일이 필요하다. 그것은 그리스도 안에서 지체된 마음을 가질 때 가능하다. 그래야 억지가 아닌 기쁨으로, 지속적으로 하게 된다. 어머니가 아이를 배려하는 것은 아이와 한 몸이라는 생각이 들기 때문이다. 그러면 정성과 진실로 배려하게 된다.

우리는 이런 배려를 배우고 몸에 익숙해지도록 하는 것이 필요하다. 나이가 들수록 이것이 생활화되어야 하는데 실제로는 잘 안 된다. 육신적인 면에서는 아무래도 나이 든 사람이 약자에 해당되니까 젊은이들이 자리를 배려하는 것이 당연하지만 이해하고 용서하는 것은 나이 든 사람이 먼저 해야 한다. 인생의 연륜을 지닌 나이 든 사람은 아직 어린 사람에게 같은 인생의 실수가 발생하지 않도록 미리 배려하는 자세가 필요하다.

이것은 남편과 아내, 부모와 자녀, 스승과 제자에게도 그대로 적용된다. 성경은 서로 복종하고 서로 섬기라고 말한다. 가장 좋은 배려는 서로 배려하는 것이다. 서로 부족한 점을 배려해주고 관심을 갖는 것이 진정한 사람과의 관계다.

배려는 '나 먼저'가 아닌 '너 먼저'의 삶이다. 이것은 예수님이 가르쳐준, 먼저 섬기는 자가 으뜸이 된다는 신앙원리와도 그대로

통한다. 신앙의 위인들은 나보다 상대방을 먼저 배려하는 삶을 살았다. 아브라함은 조카 롯에게 땅을 양보하면서 먼저 배려했다. "네가 좌하면 나는 우하고 네가 우하면 나는 좌하리라(창 13:9)." 나이 든 아브라함이 젊은 조카에게 탐나는 땅을 양보하는 것은 쉽지 않았을 것이다. 그런 아브라함에게 하나님은 더 큰 것으로 축복해주셨다. 상대방에게 먼저 양보하고 배려하는 사람은 당장은 손해가 오는 것 같지만 길게 보면 하나님의 복이 임한다.

### 배려 연습하기

- 남을 귀하게 여기는 마음과 태도를 가져라.
- 상대방이 잘되는 것이 곧 내가 잘되는 것이라 생각하라.
- 상대방이 필요한 것이 무엇인지 세심하게 관찰하며 찾아라.

# 30

# 좀 더 인내하라

'인내'란 사전적으로는 '참고 기다리는 것'이다. 그렇다면 어떤 것을 인내하는가? 인내는 내가 원하는 것을 원하는 때에 얻지 못한다는 것과 모든 것을 가질 수 없음을 깨닫고 때를 기다리는 것을 말한다. 왜 사람들은 인내하지 못하는가? 그것은 자기가 원하는 것을 먼저 생각하기 때문이다. 만사에는 때가 있다. 자연에는 질서가 있고 그것에 따라 열매가 맺힌다. 농부가 먹고 싶어 한다고 과일이 맺히는 것이 아니다. 농부는 그것을 알고 가을까지 기다리고 인내한다. 특히 크리스천에게는 인간의 때가 아닌 하나님의 때가 있다. 그것을 기다리는 시간이 필요하다.

믿음에서 인내는 매우 중요한 부분이다. 믿음이 있는지는 인내를 보면 알 수 있다. 참고 하나님의 순간을 기다리는 것은 결코 쉬운 일이 아니다. 그 기간 동안에는 많은 어려움이 있고 그것을 이겨야 한다. 중간에 포기하면 아무것도 이룰 수 없다. 믿음을 가지고 끝까지 기다려야 한다. 농부가 나무에 열매가 맺힐 것을 믿고 기다리듯이 우리도 하나님이 좋은 것을 주실 줄을 믿고 기다리는 것이 필요하다.

> "우리가 선을 행하되 낙심하지 말찌니 피곤하지 아니하면 때가 이르매 거두리라" (갈 6:9)

지금 내가 하는 일이 하나님의 약속을 믿고 하는 일이면 그것은 틀림없이 응답된다. 선한 일이라는 믿음이 있으면 참고 끝까지 기다리는 자세가 중요하다. 그것은 곧 내가 믿음이 있는지를 시험하는 것이다. 보통 사람들은 그 시간이 길어질 때 무너지고 포기하게 된다.

아브라함은 75세에 하나님께 부름을 받았다. 하나님은 그에게 많은 씨를 주어서 열국의 아비가 되리라는 말씀을 주셨다. 그러나 아브라함은 10년을 기다려도 아무 소식이 없자 하나님을 믿지 못하고 몸종 하갈을 통해 이스마엘을 낳았다. 그리고 다시 시작하여

15년 후에 이삭을 낳았다. 아브라함은 이삭을 얻기까지 무려 25년이라는 시간이 걸렸다. 그것도 아이를 낳을 수 없는 불가능한 상황에서 낳았다. 25년을 인내하면서 기다리게 하신 하나님의 의도는 무엇인가. 그것은 아브라함에게 좋은 믿음을 갖게 하기 위해서였다. 아브라함은 그동안 연단된 그 믿음으로 하나님께 이삭을 기꺼이 바칠 수 있었다.

인내는 하나님에 대한 믿음을 증명하는 좋은 증거가 된다. 진정으로 하나님을 믿고, 지금 하는 일이 하나님의 일이라는 확신이 들면 끝까지 하나님을 믿고 포기하지 않는 것이 중요하다. 이것이 크리스천이 가져야 할 좋은 덕목이다.

나이가 들었다는 것은 참을 수 있는 인내력을 지녔다는 것이다. 다툼이 일어날 때 '나이 든 사람이 참으라'는 말을 한다. 참는 것이 이기는 것이다. 참지 못하면 일을 그르치게 된다. 최선을 다하고서도 안 되면 그 다음은 하나님께 맡기는 것이 순서다. 자기가 할 일을 다했으면 그 다음은 다른 사람에게 넘겨야 한다. 그것도 안 되면 하나님께서 하시도록 위탁하는 자세가 필요하다. 이것이 겸손한 모습이다. 참지 못하고 화를 내거나, 목표가 빨리 이루어지지 않는다고 인간적인 방법을 사용하거나 거짓을 행하는 것은 바람직한 일이 아니다.

나이 든 사람이 먼저 삶을 통해 인내하는 법을 가르치면 좋을 것이다. 스스로 모범을 보이고 솔선수범해서 인내하는 자세를 가진다면 가정과 공동체가 화목해질 것이다.

### 인내 연습하기

- 내가 할 수 있는 것과 할 수 없는 것을 구별하라.
- 내가 할 수 있는 것은 최선을 다하고 내가 할 수 없는 것은 기다리라.
- 하나님의 뜻을 알고 하나님의 때를 분별하는 지혜를 배우라.
- 모든 것은 하나님의 손 안에서 진행됨을 믿으라.
- 인내하면서 나에게 맺히는 믿음의 열매들을 기대하라.

# 31

# 좀 더 겸손하라

'겸손'은 상대방을 나보다 더 높이는 것이다. 이렇게 되면 자연히 자신은 낮아진다. 겸손은 사랑이 있어야 가능하다. 사랑 없는 겸손은 위선이다. 상대방을 위한 것이 아닌 자신을 위한 겸손은 가장된 겸손이다. 상대방을 높이고 자신을 낮추면 그것이 겸손의 모습이다. 하나님을 높이고 자신을 낮추면 그것이 곧 겸손이다.

겸손한 사람은 자신보다 남을 낮게 여긴다. 겸손한 사람은 자기 일을 돌볼뿐더러 또한 다른 사람의 일을 돌보는 것을 즐긴다.

겸손의 최고 모델은 예수님이시다. 하나님이 인간이 되신 분이 예수님이시다. 하나님이 어떻게 인간이 될 수 있는가? 이것은 불가능한 일이다. 그런데 실제 그런 일이 일어났다. 그리고 인간을 위해 하나님이 죽으셨다. 의인이 죄인을 위해 죽으셨다.

바울은 이런 위대한 예수님의 겸손에 대해서 이렇게 표현하고 있다.

> "그는 근본 하나님의 본체시나 하나님과 동등됨을 취할 것으로 여기지 아니하시고 오히려 자기를 비어 종의 형체를 가져 사람들과 같이 되었고 사람의 모양으로 나타나셨으매 자기를 낮추시고 죽기까지 복종하셨으니 곧 십자가에 죽으심이라" (빌 2:6~8)

겸손은 다른 사람의 입장이 되고 다른 사람처럼 되는 것이다. 하나님이 인간의 몸을 입고 인간의 모양을 지닌 것처럼 말이다. 높은 자리에 있는 것이 아닌 친히 낮은 자리에 내려와 인간의 비참한 삶을 사시면서 고난을 당하시고 죽으신 그것이 겸손의 모습이다. 겸손은 말이 아닌 행동이다. 겸손은 상대방을 어떻게 사랑해야 하는가를 잘 보여준다.

겸손한 사람은 상대방에 대해 함부로 말하지 않고, 함부로 평가하지 않는다. 그 사람의 입장이 되지 않고서는 쉽게 평가할 수 없다. 우리는 모든 것을 내 입장에서 말하고 평가한다. 그것이 죄를 짓게 한다.

사람들은 교만한 사람보다 겸손한 사람을 좋아한다. 아무리 지위가 높고 명망이 있더라도 교만한 사람은 싫어한다. 하물며 하나님은 오죽하시겠는가? 가장 보기 싫은 모습이 교만한 사람의 모습이다. 교만한 사람은 다른 사람을 무시하고 함부로 대한다. 예의가 없고 자기 마음대로 한다. 상대방의 입장을 전혀 생각하지 않고 언제나 자기 방식대로 행동한다. 이런 사람의 말로는 비참하다. 교만은 패망의 첩경이다. 사람이 교만하면 그것은 마지막이 다가왔음을 의미한다.

나이가 들면 교만하기 쉽다. 그러나 나이가 모든 것을 말해주는 것은 아니다. 경험이 많고 인생을 오래 산 것이 곧 그 사람을 지혜롭게 하는 것은 아니다. 오히려 거만하고 어리석은 사람이 될 수 있다. 나이가 들면서 멋있는 사람은 겸손한 사람이다. 지위가 올라갈수록 존경스러운 사람은 겸손함을 잃지 않는 사람이다. 이런 사람을 만나면 하루가 즐겁다. 마음이 행복하다. 겸손해지는 비결은 간단하다. 하나님을 만나면 된다. 왜냐하면 하나님은 가장 크고 위대하신 분이기 때문이다. 위대한 분을 만나면 사람이 작아진다. 그러나 만나지 못하면 자기가 제일인 줄 착각한다. 거기에서 교만이 생긴다. 진정 하나님을 만난 사람은 이렇게 고백할 수밖에 없다.

"나는 죄인 중에 괴수입니다."

이런 사람이 되고 싶지 않은가? 나이가 들면서 이런 멋을 소유할 수 있다면 얼마나 좋을까? 겸손의 성품으로 옷을 입자. 그래서 모두에게 힘을 주는 사람이 되도록 하자.

"하나님이 교만한 자를 물리치시고 겸손한 자에게 은혜를 주신다 하였느니라"(약 4:6)

"주 앞에서 낮추라 그리하면 주께서 너희를 높이시리라"(약 4:10)

### 겸손 연습하기

• 사람을 대할 때 상대방에게 내가 배울 점이 있다고 생각하라.

• 상대방의 장점을 찾아서 그것을 칭찬해 주어라.

• 사람을 나이와 외모로 보지 말고 인격적으로 대하라.

• 예수님의 겸손을 매일 조금씩 닮도록 노력하라.

# 32

# 좀 더 관용하라

'관용'이란 어떤 대가를 바라지 않고 남에게 덕을 베푸는 것이다. 다른 사람의 입장을 이해하며 가까이에서 보살피는 것이 관용의 태도다. 다른 사람을 너그럽게 이해하고 그들의 입장에서 생각하면 관용을 베풀 수 있다.

경쟁 사회에서 다른 사람에게 넉넉한 마음을 갖는다는 것은 어렵다. 다른 사람을 죽이지 않으면 내가 살 수 없는 시대에서 관용한다는 것은 손해처럼 보일 수 있다. 그러나 상대방을 위하는 것이 곧 나를 위한 것이요, 모두를 행복하게 하는 것이라고 보면 관용은 훌륭한 덕목이다. 관용은 상대방의 잘못된 행동을 용납하고 기꺼이 용서하는 것을 포함한다.

베드로가 예수님께 나아와 물었다. "주여 형제가 내게 죄를 범하면 몇번이나 용서하여 주리이까 일곱번까지 하오리이까(마 18:21)." 그러자 예수님은 이렇게 말씀하셨다. "네게 이르노니 일곱번 뿐 아니라 일흔번씩 일곱번이라도 할찌니라(마 18:22)." 사람을 용서하고 관용을 베푸는 일은 끝이 없다는 말이다. 과연 이런 일이 가능할까? 실제 인간 관계에서는 계속 용납하는 것은 힘들다.

이것에 대해 바울은 이렇게 가르치고 있다. "누가 뉘게 혐의가 있거든 서로 용납하여 피차 용서하되 주께서 너희를 용서하신 것과 같이 너희도 그리하고(골 3:13)." 용납하기 어려우면 주님을 생각하면 가능하다. 주님이 나를 용서하고 용납하신 것을 생각하면 누구든지 용서할 수 있다. 하나님께 은혜를 받으면 가능하다. 관용을 베푸는 것은 인간의 힘으로는 안 된다. 한두 번은 할 수 있지만 계속하는 것은 힘들다. 이것은 하나님이 주시는 힘으로 가능하다. 내가 하나님께 큰 은혜와 용서를 받았다는 사실에 대해서 확신을 가지면 사람을 용납하는 것은 그리 어려운 일이 아니다. 내가 받은 은혜와 자비를 생각하면 누구든 못하겠는가? 주님이 용서하셨기에 우리가 용서하는 것이지, 우리가 의롭기 때문에 용서하는 것이 아니다.

용납하고 관용을 베푸는 것은 땅에서 오는 지혜가 아닌 하늘로부터 오는 하나님의 선물이다. 은혜를 받은 크리스천은 세상에 대해서 관용을 베풀어야 한다. 회개하면 누구든지 용서하고 받아주어야 한다.

"오직 위로부터 난 지혜는 첫째 성결하고 다음에 화평하고 관용하고 양순하며 긍휼과 선한 열매가 가득하고 편벽과 거짓이 없나니" (약 3:17)

나이가 들수록 관용의 마음이 깊어져야 한다. 다시 말하면 남을 이해하고 그들의 입장이 되는 것에 익숙해야 한다. 나의 입장이 아닌 상대방의 입장에서 생각하고 배려하면 관용을 베푸는 것은 쉽게 될 수 있다. 우리가 쉽게 용서를 할 수 없는 것은 나의 입장에서 바라보기 때문이다.

사람은 누구나 실수를 하고 죄를 지을 수 있다. 실수 없이 사는 사람은 없다. 서로 관용하고 살아가는 세상이 아름답다. 허물을 들추어내고 그것을 정죄하기 시작하면 한이 없다. 사람에게는 모두 허물이 있기에 스스로 의롭다고 말할 수 있는 사람은 아무도 없다. 나이가 들수록 하나님의 은혜로 세상과 사람을 바라보는 지혜가 필요하다. 이제는 주위 사람들을 넉넉하게 받아들이는 사람이 되자.

## 관용 연습하기

• 내 입장이 아닌 상대방의 입장이 되어서 생각해 보자.

• 나의 허물을 통해서 다른 사람의 잘못을 보도록 하라.

• 관용할 수 있다는 것은 하나님의 은혜를 베푸는 기회임을 알자.

• 이 세상에 용서 못할 사람은 하나도 없다는 것을 생각하자.

# Part 07

## 사라지는 감각을
## 다시 살려라

## 33

# 집중하면
# 감각이 살아난다

사람에게는 마음과 생각뿐 아니라 감각이 있다. 감각은 몸에 속한 것으로 보통 오감을 말한다. 우리의 마음과 생각은 감각을 통해서 영향을 받는다. 무엇을 듣고 보고 만지느냐에 따라 마음과 생각이 달라진다. 감각은 마음과 생각을 만드는 통로다. 이런 점에서 감각은 중요하다. 감각을 잘못 사용하면 마음에 병이 든다. 좋은 소리를 들으면 마음이 즐겁지만 좋지 않은 소리를 들으면 마음은 상처를 입는다. 좋은 광경을 보면 마음은 평화를 느낀다. 그러나 악한 모습을 자주 보면 사람의 마음은 강퍅해진다. 이렇듯 어떻게 감각을 훈련하느냐에 따라 인생이 달라진다. 사람이 살아가는 기술과 재능은 감각을 통해서 나타난다. 우리는 그동안 감각을 세속적인 것으로 여겼다. 반면에 이성은 고급스러운 것으로 생각한 측면이 많았다. 서양은 사람의 이성을 우선시하며 그것을 강조했다. 이것은 성과 속을 분리하는 이원론적인 영향이 크다. 반면에 동양은 마음과 몸을 분리하지 않고 함께 보았다. 이렇게 보면 동양적 사고가 감각에는 더 바람직하다.

사람에게 감각은 중요하다. 그러나 나이가 들면서 감각은 점차 사라진다. 눈이 침침해지고 귀가 잘 들리지 않게 된다. 손가락을 움직이는 것조차 자유롭지 못할 수 있다. 이렇게 감각이 둔해지면 우리는 나이가 들어가는 것을 비로소 의식한다.

그러나 감각은 사용하기 나름이다. 감각은 계속 사용하면 발달된다. 또 훈련하기 나름이다. 감각을 훈련하는 방법 중 하나는 한 감각에 집중하는 것이다. 우리는 모든 감각에 집중할 수 없다. 그러나 그중에 중요한 감각을 선택하여 집중할 수는 있다. 감각을 동원하여 집중하면 죽은 감각은 다시 살아난다. 그러나 집중하지 않으면 감각은 점차 둔해진다. 이것이 집중, 몰입의 힘이다.

뉴턴, 아인슈타인, 에디슨, 빌 게이츠, 워렌 버핏 등 역사적으로 탁월한 업적을 이룬 천재들의 공통점은 무엇일까? 그것은 고도로 집중된 상태에서 문제를 생각하는 몰입적 사고를 한다는 것이다. 천재이기에 집중력이 높은 게 아니라, 집중력이 높았기에 천재가 된 것이다. 우리도 어느 한 분야에 고도의 집중을 하면 누구나 위대한 작품을 이룰 수 있다.

나이가 들수록 감각을 선택적으로 사용하여 몰입하도록 하면 충분히 탁월한 사람이 될 수 있다. 누구든지 집중하면 감각은 다시 살아난다. 감각이 살아나려면 평소에 감각에 집중하는 훈련이 필요하다. 물론 육신적인 몸의 퇴화가 일어나면 자연히 감각도 사라진다. 그러나 감각의 중요성을 알고 나에게 필요한 부분을 계속 발전시키면 나이와 상관없이 놀라운 감각을 유지할 수 있다. 사라져 가는 감각을 아쉬워하지 말고 살릴 수 있는 감각에 집중하면 생각지 못한 놀라운 일을 다시 시작할 수 있다.

그러나 가능하면 시각, 청각, 촉각, 후각, 미각의 오감을 모두 살리자. 어느 한쪽 감각으로만 치우치지 말고 오감을 균형 있게 발전시켜 건강한 모습을 만들자. 조금만 관심을 가지고 노력하면 지금보다 훨씬 훌륭한 감각을 갖고 살 수 있다. 지금이라도 시작해 보자. 다시 살아나는 놀라운 감각의 힘을 발견할 수 있을 것이다. 자신의 숨겨진 가능성을 새롭게 발견하는 순간이 될 수 있다.

**다음 질문에 답해 보자.**

- 내게 사라지는 감각은 어떤 것인가?

- 다시 살아나는 감각은 무엇인가?

- 나의 오감 중에서 집중할 감각은 무엇인가?

- 이것을 어떻게 하면 하나님의 나라에 사용할 수 있는가?

# 34

# 영감으로
# 승부를 걸어라

에디슨은 "천재는 1%의 영감과 99%의 노력으로 만들어진다" 고 했다. 숫자적으로 보면 99%가 중요하다. 자칫 1%는 없어도 그만이라고 생각할 수 있다. 왜냐하면 1%는 99%에 비하면 너무 작은 숫자이기 때문이다. 99%의 노력만 있어도 충분하지 않느냐는 생각을 할 수 있지만 그렇지 않다. 99%의 노력도 중요하지만 사실 더 중요한 것은 1%의 영감이다. 99%의 노력을 가능하게 하는 것이 1%의 영감이기 때문이다. 인내를 가지고 끝까지 도전하려면 영감이 없으면 안 된다. 1%의 영감이 99%의 노력을 이끌어 낸다고 보면 1%의 영감은 결코 무시될 수 없다. 이것은 경험적으로 생각해도 맞는 말이다. 어떤 일을 하기 위해서는 먼저 영감이 떠올라야 한다. 그렇지 않으면 그 일을 시작할 수 없고 시작한다 하더라도 계속할 수 없다. 영감이 오면 그 다음은 쉽다.

　아무래도 젊은 사람들보다는 나이 든 사람들에게 경륜이라는 것이 있다. 인생을 살아오면서 겪은 수많은 경험이 있다. 그 속에서 많은 것을 보고 느껴왔다. 어느 날 그것들이 하나하나 모여서 주마등처럼 생각이 떠오를 때가 있다. 이것은 갑자기 생각나는 것이 아니라 오랫동안 보아왔던 것과 경험하고 배운 것에서 떠오르는 것이다. 우리는 그것을 영감이라고 말한다. 영감은 불현듯 나타나는 것이 아니라 어떤 비슷한 것을 보았을 때 연상되는 것이다. 마음에서 일어나는 연상 작용과 같은 것이다. 이것은 누구나 경험하는 것이다. 특히 나이가 많이 든 사람에게 나타날 확률이 많다. 그동안 배우고 경험한 인생의 사건들이 많기 때문이다. 영감은 아무것도 없는 것에서 오는 것이 아닌, 이미 보고 경험한 것에서 총체적으로 다가오는 통합적 능력이다.

　이렇게 보면 나이가 든 사람일수록 영감의 가능성이 있다. '더 이상 영감an old man은 없다. 내게는 오직 영감inspiration이 있을 뿐이다'라는 말이 있다. 나이가 들면서 멋있는 모습은 영감이 있는 모습이다. 이 가능성을 보고 생각의 끈을 놓으면 안 된다.
　나이가 들수록 사라지는 감각을 아쉬워하지 말고 영감으로 승부를 걸어보면 어떨까. 감각은 육신이 쇠하여지면서 어쩔 수 없이 약해지지만 영감은 나이가 들수록 더 탁월하게 능력을 발휘한다. 우리는 그동안 이 중요성을 놓치고 살아왔다. 노인들은 놀라운 가능성을 가지고 있는데 육신이 약하다는 이유만으로 모든 것을 포기하는 것은 어리석은 일이다.

물론 젊은 사람에게도 영감이 생기지만 나이가 많은 사람들에게는 더 좋은 영감이 떠오른다. 나이가 들면서 영감에 더욱 집중하여 그것을 계발하면 인생에 다시 도전할 수 있다. 젊은이 못지않게 인생을 즐겁게 살 수 있다.

그러나 여기서 한 가지 꼭 기억할 것이 있다. 세상 사람들이 말하는 영감은 경험적인 것이며 인간적인 것이다. 그러나 크리스천들이 생각하는 영감은 그들보다 한 차원 높다. 즉 영감을 내 안에서 찾아내는 것이 아닌 하나님으로부터 받는 것이다. 그렇게 되면 일반 사람들이 받는 영감과는 비교할 수 없는 영감을 받을 수 있다. 우리는 이것을 소원해야 한다. 진정한 영감은 하나님으로부터 온다.

성경에 나오는 인물들은 모두 하나님께 영감을 받은 사람들이며 그것으로 승부를 걸어 세상을 정복했다. 다니엘은 17세에 바벨론에 포로로 잡혀갔다. 그러나 바벨론의 박사들보다 10배의 큰 지혜를 하나님이 주심으로 바벨론제국뿐 아니라 바사제국까지 지배했다. 그리고 왕 다음의 총리로 올랐다. 이방인으로서 그렇게 되는 것은 불가능한 일이다. 얼마나 놀라운 일인가. 요셉과 에스더와 선지자들, 성경에 나오는 기자들은 모두 하나님의 영감을 받은 사람들이다. 성경은 하나님의 감동으로 기록된 책이다. 영감 하나로 인생을 성공적으로 산 사람들이 많다.

나이가 든다고 포기하지 마라. 육신이 약해져 가는 것을 보면서 안타까워하지 마라. 지금이라도 하나님이 주시는 영감을 사모하라. 그리고 인생의 승부를 다시 걸자. 나이와 상관없이 남은 인생에 도전해 보자.

### 이렇게 해보자.

- 영감의 책인 성경을 마음먹고 정복하자.
- 영감을 달라고 하나님께 쉬지 말고 기도하자.
- 예배를 형식이 아닌 진심으로 드려 보자.
- 하나님이 만드신 세상의 사물과 사건 속에서 하나님의 손길을 느껴보자.

# 35

## 한쪽 문이 닫히면
## 다른 문이 열린다

우리는 세상을 살아가면서 '세상이 너무 불공평하다'고 하나님을 원망할 때가 있다. 그러나 그것은 아직 하나님의 깊은 섭리를 모르기 때문에 하는 말이다. 하나님은 공평하신 분이다. 시각 장애인은 청각이 탁월하다. 보는 감각을 듣는 것에 집중하니까 우리에게 없는 엄청난 청각의 능력이 생긴다. 한쪽 문이 닫히면 다른 문이 열리게 되어 있다. 이것이 인생이다. 하나님은 인생의 모든 문을 닫지 않으신다. 기다리고 인내하면 나에게도 틀림없이 문이 열린다. 나이가 든다고 모든 것이 사라지는 것은 아니다. 오히려 다른 것이 새롭게 생길 수 있다. 그것을 발견하는 것이 지혜다. 어느 하나만 보고 미리 포기하는 사람은 우매한 사람이다. 이렇게 보면 젊은이나 노인이나 마찬가지다. 그것은 각자 자기에게 고유한 것이 있기 때문이다. 누구든지 그것을 찾으면 행복한 삶을 누릴 수 있다.

한 음악가가 있었다. 그의 아버지는 늘 술독에 빠져 살았다. 점점 심해지는 아버지의 술주정은 날이 갈수록 가정을 더욱 가난하게 만들었기 때문에 그는 어린 나이에도 극장 오케스트라에서 일하면서 돈을 벌어야 했다. 그가 열일곱 살이 되었을 때는 설상가상으로 어머니가 폐결핵으로 죽는 비운을 맞이하였다. 그래서 그는 어린 동생을 돌봐야만 했고, 서른 살이 되었을 때는 작곡가의 생명인 귀에 이상이 생기면서 소리까지 듣지 못하게 되었다. 그는 절망하여 이렇게 외쳤다.

"나는 왜 이렇게 슬픔과 고통의 삶을 살아야 하는가? 나의 귀로 들을 수만 있다면 얼마나 좋을까?"

그러나 그는 상황에 굴하지 않고 작곡에 전념했다. 그가 그 유명한 교향곡 제9번을 작곡하여 연주를 마쳤을 때 장내에는 떠나갈 듯한 박수갈채가 울려 퍼졌다. 한마디로 열광의 도가니였다. 하지만 그는 전혀 들을 수 없었기에 그 상황을 모르고 있었다. 옆에 있던 단원이 장내를 향해 그를 돌려세워 준 뒤에야 자신의 작품이 대성공임을 알았다. 그가 바로 천재 작곡가이면서 인생의 가장 불운한 조건들을 가진 음악가 '베토벤'이다. 그는 이렇게 말했다. "가장 뛰어난 사람은 고뇌를 통해 환희를 차지한다."

　인간의 삶은 우연이 없다. 목적을 향해 나가고 있다. 모든 일은 나름대로 뜻이 있다. 우리는 인생에 어려움이 닥치면 '왜 나에게 이런 일이 닥칠까?' 하고 낙심하기 쉽다. 그러나 그것은 더 좋은 길로 인도하기 위한 하나님의 섭리이다. 하나님의 선택을 입은 사람에게 실패란 없다. 결국은 선이며 성공이다. 이것을 믿는다면 어떤 상황에서도 포기하지 않고 새로운 길을 기다릴 수 있다.

　그동안 다양한 사람들을 만나면서 깨달은 진리가 하나 있다. 인내하고 기다리면 좋은 날이 온다는 것이다. 지금 안되는 것은 안될 만한 이유가 있다. 다만 그것을 알지 못하기 때문에 안달하는 것이다. 만약 그것이 실패한 이유를 안다면 결코 낙망하지 않을 것이다. 오히려 감사할 것이다. 문제는 우리가 그 이유를 모른다는 데 있다.

　인생을 길게 보자. 그리고 넓게 보자. 오늘만 보지 말고 미래도 함께 보자. 나만 보지 말고 이웃도 함께 보고 하나님도 생각해 보자. 그러면 오늘 내게 닥친 일이 원망할 일이 아님을 알게 될 것이다. 억지로 하지 마라. 당장 일이 잘 안된다고 인간적인 계산과 술수를 쓰는 일은 절대금물이다. 그것은 스스로 독배를 마시는 것과 같다.

**무언가 잘 안될 때 생각해 볼 나의 원칙은?**

• 아직 끝난 것이 아님을 명심한다.

• 더 좋은 길로 가는 과정임을 깨닫는다.

• 가장 좋은 것은 마지막에 온다는 것을 기억한다.

• 나에게 무슨 문제가 없는지를 점검한다.

• 막다른 골목이 오기 전에 방향 표지판을 찾는다.

• 하나님의 뜻을 헤아린다.

# Part 08

## 인생에 강점의
## 옷을 입혀라

# 36

## 살아온 경험을 살려서 도전하라

　인생은 어차피 도전이다. 하루하루 살아가는 것도 도전의 연속이다. 도전 없는 인생은 죽은 인생이다.

　삶이란 95%의 실패를 겪으면서도 5%의 가능성에 도전하며 살아가는 것이다. 지금까지 쌓아온 노력과 경험들을 살려서 또 다시 도전하면 분명히 좋은 일이 있을 것이다. 오늘은 하늘에서 떨어진 것이 아니다. 어제 속에서 오늘이 세워졌다. 어제의 모습을 잘 살피면 오늘 무엇을 해야 할지, 또 내일은 무엇을 꿈꾸어야 할지 자연히 알게 된다.

　한 노인이 오랫동안 해오던 요식업에서 완전히 실패하여 빈털

터리가 되었다. 그동안 수고하여 가꾸어놓은 사업은 하루아침에 흔적 없이 사라졌고 생각지도 않은 어려운 일을 당하게 되었다. 65년의 생애가 물거품이 되는 순간이었다. 그에게 남은 것이라고는 집 한 채와 낡은 자동차, 은퇴 보장금인 105달러가 전부였다.

그러나 노인에게는 한 가지 꿈이 있었다. 비록 인생의 황혼기에 들어섰지만 여생을 그냥 빈둥대면서 보내고 싶지는 않았다. 죽는 순간까지 열정적인 인생을 살고 싶었다. 그는 스스로에게 다짐했다.

"나는 녹이 슬어 사라지기보다는 다 닳아빠진 후에 없어지리라!"

그는 이미 닭튀김으로 유명한 식당을 경영한 전력이 있었기 때문에 그 경험을 살려 켄터키 주에 있는 집에서 다시 새로운 사업을 시작했다. 사람들이 보기에는 '노년에 무슨 사업이냐?' 할지 모르지만 노인에게는 꿈이 있었다.

그만이 갖고 있는 프라이드치킨 제조 노하우를 특허로 내고, '켄터키 프라이드 치킨'이라는 상표의 사용과 기술을 이전하는 대가로 사용료를 받았다.

처음에 사람들은 별로 관심을 갖지 않았다. 그럼에도 불구하고 그는 계속 노력하였고, 그가 만든 닭튀김 체인점은 인디애나 주, 미주리 주, 그리고 캔자스 주에 열게 되었다.

그는 안주하지 않고 계속 노력하였다. 얼마 안 되어 미국 전 지역에 수백 개의 체인점이 생겼고 결국에는 세계 각처로 확장하게 되었다. 이것이 바로 세계적으로 유명한 '켄터키 프라이드 치킨 KFC'이며, 그 노인이 바로 '커넬 샌더스'다. 지금도 켄터키 프라이드 치킨 체인점 앞에 서 있는 노인의 모형은 꿈과 실현에 대한 상징적인 의미를 담고 있다.

세상을 살다 보면 이루어 놓은 일 없이 나이만 드는 것 같은 생각이 들 때가 있다. 어느새 훌쩍 나이가 든 자신의 모습을 생각하면 갑자기 힘이 빠질 수 있다. 조금만 더 젊었더라면, 아쉬워하며 새로운 일에 도전하는 것이 두렵다는 생각이 들기도 한다.

나이가 들었음에도 불구하고 지금이라도 도전하고 싶은 마음이 있는가? 그렇다면 이렇게 해보자. 새로운 것을 찾기보다는 이미 한 것에서 가능성 있는 것을 찾아보라. 답은 언제나 내 안에 있는 법이다. 거기서 강점을 찾아 도전하면 지금이라도 새로운 꿈을 꿀 수 있을 것이다.

성공한 사람들을 보고 무에서 유를 창조했다고 하지만 그렇지 않다. 무에서 유를 창조한 분은 하나님밖에 없다. 인간은 무에서 유를 창조할 만한 능력이 없다. 인간의 성공은 모두 유에서 유를 창조한 것이다. 과학의 발명도 이미 있는 하나님의 창조물 속에서 발견된 것이다. 지금까지 한 것을 두루 살펴 보아라. 거기에 인생을 성공으로 이끄는 놀라운 답이 있을 것이다.

**다음 질문에 답해 보자.**

- 지금까지 해온 일은 무엇인가?

- 주변 사람들에게 칭찬받은 일이 있는가?

- 그중에서 가장 잘할 수 있는 일은 무엇인가?

- 오늘의 문제는 지금까지 지내온 과거 속에 해답이 있음을 믿는가?

# 37

# 단순하게 살아라

우리를 행복하게 하는 것은 확장이 아니라 적절함이다. 무조건 많은 것은 오히려 우리를 불행하게 만들 수 있다. 가능한 적절한 내용으로 채우는 것이 가장 좋다. 인생은 많은 것보다 작은 것이 훨씬 좋다. 늘 2%의 부족함을 가지고 사는 사람이 행복하다. 한 번 많아지고 커지고 나면 그 다음은 다시 적어지기 어렵다. 그래서 적절하게 커야 하고 정상적으로 자라야 한다.

언제 불행이 닥치는가? 적절함을 잊어버리고 너무 과하게 되었을 때이다. 우리가 경험하고 보는 것이 넓어지면 넓어질수록 그것이 우리를 더 괴롭게 하고 애태우게 한다. 모든 것은 적절해야 한다. 적절함은 곧 단순함이다. 인생은 간소하고 단순한 것이 좋다. 그런데 사람들은 이것을 못 견딘다. 죄는 자기의 영역을 넘고 과다하게 나갈 때 생기는 인간의 병이다.

사람의 적절한 키는 160~190센티미터 정도이다. 키가 200센티미터가 넘기 시작하면 우리는 그때부터 장애라고 말한다. 물질은 큰 것이 좋을 수 있다. 그러나 생명과 인간은 적절해야 한다. 하나님은 인간을 자연처럼 거대하게 만드시지 않고 중간의 모습으로 적절하게 만드셨다. 이것이 주는 창조의 의미가 있지 않을까?

예수님은 주기도문을 통해서 '오늘날 우리에게 일용할 양식을 주시옵소서'라고 기도하도록 가르치신다.

인간은 하루의 양식만 있으면 가장 행복한 삶이다. 그 이상의 밥 그릇은 오히려 독이 된다. 이런 면에서 크리스천은 단순한 삶을 살아야 한다. 이것이 주님이 주신 교훈이다.

잠언 30장 8절에 보면 아굴의 잠언이 나온다. "곧 허탄과 거짓말을 내게서 멀리 하옵시며 나로 가난하게도 마옵시고 부하게도 마옵시고 오직 필요한 양식으로 내게 먹이시옵소서." 이것도 주님의 교훈과 같은 내용이다. 나이가 들수록 복잡한 것보다 단순한 삶을 꿈꾸라. 진리는 언제나 단순하다. 그 속에 강력한 은혜의 맛이 들어 있다. 복잡할수록 진리는 멀어진다는 사실을 기억하라. 사람들은 복잡하고 큰 것의 유익점을 강조하지만 그러한 것들은 유익한 것보다 해로운 점이 더 많다. 조심하라. 크고 화려한 것일수록 진리와는 상관없을 가능성이 크다.

칠십이 넘은 나이에도 여전히 크고 복잡하고 화려한 것을 찾는 신앙인들을 볼 때가 있다. 진리를 찾기 어려운 곳에서 남은 인생을 보내는 사람들이 있다. 어차피 모든 것을 버리고 가야 하는 인생 아닌가? 화려했던 교회의 원로들이 작고 초라하지만 단순한 곳에서 인생의 남은 시간을 보낸다면 한국교회는 아름답게 피어날 것이다. 그것이 주님을 따르는 마지막 제자들의 모습일 것이다. 그럼에도 그것이 여전히 먼 이야기가 되는 것은 죽는 순간까지도 포기할 수 없는 인간의 욕망 때문이 아닐까?

아인슈타인은 이렇게 말했다. "나는 간소하면서 아무 허세도 없는 생활이야말로 육체를 위해서나 정신을 위해서나 모든 사람에게 최상의 것이라고 생각합니다."

최상의 것은 단순함과 간소함 속에 있다. 거기에는 더 이상 속일 것도, 꾸밀 것도 없는 있는 그대로의 자연스러움이 있다. 단순하게 사셨던 주님의 길을 바라보자. 나이가 들면서 더욱 그런 모습을 닮아간다면 그것이 곧 멋지게 나이 드는 것이 아닐까. 그것이 하나님께 더 가까이 가는 길임을 안다면 더욱더 그런 삶을 사모하며 지금부터 준비해야 할 것이다. 십자가 위에서 모든 것이 벗겨지고 작은 옷자락 하나만 걸치고 처음 태어난 그 모습처럼 죽으신 주님처럼 살도록 기도하자.

### 단순함이 주는 유익

- 단순함을 가지면 하나님을 열망하게 된다.
- 단순할 때 가장 편안한 마음 상태가 된다.
- 단순함은 욕심이 없는 진실의 모습을 보게 한다.
- 태어날 때와 죽을 때가 가장 단순한 모습이다. 이런 모습으로 살면 못할 일이 없다.

# 38

## 강점을 쌓아가는
## 재미를 즐겨라

사람은 누구나 하나님이 주신 자기만의 개성이 있다. 인생을 살면서 그것을 찾아서 그것으로 승부를 걸어야 한다. 하나님은 자신이 가진 강점을 찾아서 살도록 인간을 창조하셨다. 이런 면에서인간은 누구나 성공할 수 있다. 나만의 개성을 찾아서 그것을 발전시키면 누구나 최고의 인생이 될 수 있다. 그러나 강점은 거저생기지 않는다. 여기에는 많은 수고와 노력이 필요하다. 자기의개성을 알고 있음에도 그것을 강점으로 발전시키지 못해서 사장시키는 경우가 많다.

풍자 작가로 잘 알려진 버나드 쇼는 1856년 아일랜드에서 태어났다. 어린 시절의 그는 사람들 앞에 서면 말도 제대로 못하고 얼굴이 홍당무가 되는 내성적인 소년이었다. 그렇지만 자존심이 대단한 아이였다. 특히 영국의 교육제도에 불만을 가졌던 그는 학교 다닌 기간이 4년밖에 되지 않는다. 버나드 쇼는 학교에서 배운 것이 아무것도 없었다.

그가 학교생활에 실패한 이유는 무엇보다도 경쟁이라고 생각되는 일이라면 뭐든지 싫어하는 성미 때문이었다.

"나는 선천적으로 경쟁에 약하다. 칭찬이나 표창을 받고 싶지 않다. 따라서 경쟁을 전제로 하는 시험 따위에는 아무 관심이 없다. 만일 내가 이긴다 해도 나의 기쁨보다는 상대방의 실망하는 모습이 내 마음을 아프게 할 것이다. 반대로 내가 진다면 나의 자존심이 상할 것이다."

버나드 쇼는 학교에 다니지 않고서도 독학으로 광범위한 지식을 얻었다. 본래 그는 인간과 사회의 본질을 통찰하고 그 내면에 숨어 있는 진실을 파헤쳐서 그것을 희곡으로 만들어내는 재능을 가지고 있었다. 그의 재능은 많은 시간이 지난 후에야 발견되었다. 버나드 쇼는 50대 후반에 이렇게 고백했다.

"나에게 무슨 재능이 있는지, 나를 어떤 인물로 만들 것인지, 아무도 신경을 써주는 사람이 없었다. 나 자신을 별 볼 일 없는 아이라고 생각할 뿐, 특별한 재주를 가졌다는 사실은 전혀 모르고 있었다. 오히려 정반대의 교육을 받는 바람에 보통 사람들 수준의 자존심마저 갖지 못했다. 내게 능력이 있다는 사실은 남이 알려줘서 비로소 알게 된 것이다. 그런 재주가 그 누구도 아닌 나에게만 있다는 사실을 알았을 때는 오히려 당황스러웠다."

94세의 고령에도 불구하고 그는 끊임없이 새 작품을 구상하다가 세상을 떠났다.

요즈음은 40대 후반만 되어도 명퇴를 준비해야 한다. 경쟁 사회 속에서 젊은 사람들은 나이 든 사람을 밀어내고 있다. 사람들은 나이가 들면서 점차 위기를 느끼고 무엇을 해야 할까 고민한다. 직장을 그만두면 당장 무엇을 할까? 특히 경쟁사회 속에서 사람들과 치열한 경쟁을 해서 이겨야 한다는 자신감이 사라진다. 우리가 사는 사회는 경쟁을 피할 수 없다. 오직 경쟁으로 승자를 결정한다. 학교에서 공부를 하든지 직장에 취직을 하든지 무엇을 하든 경쟁이라는 단어를 제외시킬 수 없다. 경쟁이 있는 곳에는 시기와 질투와 암투가 난무한다. 선의의 경쟁이 많지 않다. 그래서 더욱 힘들다. 정상적인 방법으로는 세상 경쟁에서 이기기 쉽지 않음을 잘 알기 때문이다.

그러나 경쟁 사회에서 경쟁하지 않고 살아갈 수 있는 비결이 있다. 그것은 나만의 재능을 발견하는 것이다. 남과 같은 것을 하다보면 경쟁은 필수적이다. 그러나 나만의 것을 찾아 그것을 이루어간다면 경쟁에 그렇게 신경 쓸 필요가 없다. 하나님이 주신 나만의 고유한 선물이 있다. 그것을 나의 강점으로 만들어 승부하자. 그러면 나도 행복하고 남도 행복하게 될 것이다. 지금부터라도 나만의 강점을 찾아 그것을 꾸준히 계발하자. 그렇게 되면 나이와 상관없이 즐거움을 갖고 살 수 있을 것이다.

유명한 역사가인 토머스 칼라일은 이렇게 말했다.

"자신의 일을 발견한 사람은 이미 대단한 은총을 받은 사람이다. 그는 더 이상의 욕심을 내어서는 안 된다. 아무리 사소한 일일지라도 거기에 열중하는 순간, 영혼은 순식간에 조화로운 경지에 다다르게 되는 것이다."

**나의 강점을 살리기 위해 떠오르는 것을 적어보자.**

- 내가 즐거워하는 일은 무엇인가? 하고 싶은 일은 무엇인가?
- 하고 있으면 시간 가는 줄 모르게 집중하는 일이 있는가?
- 남보다 빠르게 하는 것이 있는가?
- 반복해도 지겹지 않은 일이 있는가?
- 어떤 일을 할 때 행복하다는 생각이 드는가?
- 내가 하는 일 중에서 다른 사람에게 도움을 줄 수 있는 일은 무엇인가?

# 39

# 편견과
# 고정관념을 깨라

인생의 모든 문제는 나에게 있다. 내가 변화되면 모든 것은 쉽다. 모든 문제의 원인은 나에게 있다. 특히 나를 힘들게 하는 것은 은연중에 내 속에 있는 편견과 고정관념이다. 이것이 인생의 발목을 잡는다. 그런데 이것을 아는 사람은 그리 많지 않다. 만약 계속적으로 하는 일이 잘 안 되고, 하루의 삶이 즐겁지 않다면 이 부분을 점검해 볼 필요가 있다.

수없는 노력을 함에도 불구하고 아직 나의 강점을 발견하지 못했다면 혹시 나에게 자리 잡고 있는 잘못된 고정관념이 없는지 생각해 보자. 그것이 나를 붙잡고 있는 한 나는 나의 길을 갈 수 없다. 마치 배가 아무리 자유롭게 바다를 헤쳐나가고 싶어도 줄을 육지에 대고 있다면 바다로 나아갈 수 없는 것과 같다. 어느 정도 나갔다가 또 다시 돌아오는 것을 반복할 것이다. 결국 나의 생각을 바꾸지 않고는 나의 변화도 없다. 나의 변화는 곧 나의 고정관념을 벗어버리는 것이다. 그런데 이 작업이 쉽지 않다. 특히 오랫동안 알게 모르게 고착되어 그것이 나로 정착된 경우는 더 어렵다. 나이가 든 사람들이 잘 변하지 않는 이유도 여기에 있다. 자신의 편견을 깬다는 것은 곧 죽는 것과 같기 때문이다.

예수를 믿는다는 것은 나를 십자가에 못 박아 죽이는 것을 말한다. 이것은 나에게 획기적인 사건이다. 나의 생각이 예수님의 생각으로 바뀌는 것으로 진정으로 예수를 믿으면 삶은 완전히 달라진다. 예수를 믿기 이전과 이후가 전혀 다르다. 그런데 예수를 믿은 이후에도 별 차이가 없다면 그것은 심각한 문제다. 입으로는 주님을 고백했을지라도 나의 생각은 죽지 않았다는 것이다. 예수를 믿는 것은 그동안에 나를 지배했던 나의 고정관념을 장사 지내는 것이다.

나의 강점이 편견이나 고정관념이 되면 안 된다. 그런 사람은 고집쟁이로 다른 사람들을 힘들게 한다. 특히 나이 든 사람들 중에 이런 사람이 많다. 우리 모두 조심해야 할 부분이다. 잘못된 생각임에도 고치지 않고 나이를 핑계로 그것을 고집스럽게 밀고 나가면 문제는 복잡하게 된다. 나이 든 사람이 가진 고정관념은 고치기 어렵다. 나이가 들면서 우리는 이것을 수시로 점검하고 벗겨내야 한다. 그렇지 않으면 나의 것으로 고착되어 나뿐 아니라 많은 사람을 어렵게 만든다.

사람마다 모두 자기만이 가지고 있는 가치관과 사상이 있다. 오랫동안 살아오면서 자기 마음속에 자리 잡은 모습이 있다. 그런데 만약 그것이 잘못된 것이라면 심각한 일이다. 보통 죽음에 다다르는 큰 사건이 일어나기 전까지는 이것을 해결하기 어렵다. 그렇다면 이런 사건을 만나지 않고 고정관념을 벗어던질 수 있는 길은 없을까?

바로 말씀을 통한 방법이 있다. 세상의 진리는 오직 하나님의 말씀이다. 사람들이 자기 생각을 고치지 않으려는 이유는 나름대로 자기 생각이 다 옳다고 믿기 때문이다.

사람들은 생각을 수정할 만한 객관적인 진리가 없으면 자신의 생각을 포기하지 않는다. 그러나 말씀을 만나면 나를 포기하는 것은 가능하다. 영원한 진리인 말씀과 만나면 누구든지 생각을 바꾸게 된다. 성령은 말씀과 함께할 때 역사한다. 성령이 역사하면 누구라도 가능하다.

우리가 성경을 읽고 공부하는 것은 우리의 잘못된 편견과 고정 관념을 바꾸기 위해서이다. 즉 나의 생각을 예수님의 생각으로 변화시키는 작업이다. 마치 거울을 보면서 자신의 얼굴을 고치는 것처럼 우리는 하나님의 말씀을 대하면서 자신의 생각을 바꾸게 된다. 매일 성경을 읽고 연구하면서 나의 잘못된 편견과 고정관념을 깨도록 하자. 이런 시간을 갖는 것은 행복한 일이다. 그렇지 않으면 평생 우리의 고집대로 살게 된다. 실제 우리가 잘못 보고 판단하는 일은 셀 수 없을 정도로 많다. 그러나 영원한 판단 기준인 성경과 만나면 나의 잘못된 생각들이 달라지게 된다. 지금이라도 말씀을 통해서 우리의 생각을 지속적으로 연마하는 것이 중요하다. 내가 가진 편견과 고정관념을 벗어버리고 하나님의 생각으로 나의 마음과 생각을 재무장하자.

**자신에 대해서 질문해 보자.**

• 내게 있는 편견이나 고정관념은 무엇인가?

• 지금 하는 일은 성경적 근거를 충분히 가지고 있는가?

• 나는 말씀을 어떤 마음으로 읽고 공부하는가?

# Part 09

# 나는 행복하기 위해
# 태어났다

# 40

## 행복의 출발점은
## 나 자신이다

노르웨이의 생물학자이자 탐험가인 프리조프 난센은 동료와 단둘이서 북극의 호아무지를 가다가 그만 길을 잃었다. 길을 헤매느라 가지고 온 식량을 다 먹어버린 둘은 썰매 끄는 개를 한 마리씩 잡아먹었다. 그리고 개들이 쓰던 가죽 덮개마저도 먹어치웠다. 나중에는 등잔에 쓰는 고래기름마저 먹어버렸다. 이제 더 이상 먹을 것이 없었다. 기진맥진하여 소망이 없어 보였다. 이제 죽을 날만 기다리는 신세가 되었다. 서로 힘이 되었던 동료마저도 힘든 역경을 이기지 못하고 죽고 말았다. 절망적이었다. 도저히 살아날 길이 보이지 않았다.

그러나 난센은 포기하지 않았다. 그는 스스로에게 말했다. "한

발 더 갈 수 있다." 그리고 계속해서 자기에게 말하며 힘을 얻었다. 그는 살을 에는 추위 속에서 한 걸음씩 앞으로 내디뎠다. 아무것도 보이지 않았지만 희망을 가지고 앞을 향해 내디뎠다. 그리고 마침내 어느 빙산 꼭대기에서 자신을 찾으러 온 탐험대를 발견했다. 난센은 절망적인 상황을 자신의 인격을 발전시킬 기회로 삼았다. 그는 자신의 마음을 깊이 탐구했고 결코 포기하지 않는 불굴의 정신을 발견했다. 결국 그는 탐험에 나서서 불굴의 위대한 탐험가임을 증명했고 탐험에서 살아 돌아옴으로써 포기하지 않는 아름다운 모습을 세상에 보여주었다.

난센은 이렇게 말했다. "인생에서 가장 중요한 일은 자기를 발견하는 것이다."

세상에서 가장 어려운 것은 자신을 정복하는 것이다. 인생에서 진정 정복해야 할 것은 산이나 업적이나 지위가 아니다. 물질이나 명예 또한 아니다. 모든 것을 얻어도 자신을 정복하지 못하면 아무것도 아니다. 자신을 이기고 자신을 깨닫는 것은 결코 쉽지 않은 작업이다. 그럼에도 우리는 자신을 탐구하고 진정한 자신을 발견해야 한다.

인생을 살면서, 또 나이가 들어가면서 우리는 무엇을 더 얻을 것인가를 생각하기보다는 자신을 발견하는 데 더 집중해야 한다. 왜냐하면 맨 마지막에 남는 것은 자신이기 때문이다. 모든 것을 버리고 나중에는 하나님 앞에 단독자로 서게 될 것이다. '그때 나는 무엇이라고 말할 것인가'를 생각하면서 하루를 살아가야 한다. 이렇게 생각하면 인생에 닥치는 고난과 절망은 우리 자신의 진실함을 발견하는 좋은 기회가 된다. 고난을 통해 자신의 무력함과 부족함을 깨달으면서 그 속에서 보이지 않는 초월자이신 하나님을 만날 수 있다면 더없이 좋은 일이다.

행복은 자신을 발견하는 만큼 다가온다. 자신을 아는 것이 행복의 출발점이다. 참된 자신을 발견하는 것은 하나님 앞에 설 때만이 가능하다. 그때 우리는 행복을 느끼게 된다. 잠시 있다 사라지는 세상의 물질과 업적과 성과는 나를 행복하게 해주지 않는다. 이것에 속으면 안 된다. 말씀 속에서 날마다 나를 새롭게 발견하고, 나를 향하신 하나님의 뜻을 이루어가는 것이 매일 행복하게 살아가는 비결이다. 알고 있는가? 행복은 하나님에게서 온다는 것을….

**자신에게 진솔하게 질문해 보자.**

• 나는 지금 행복한가? 그렇지 않다면 그 이유를 말해 보자.

• 행복하다면 그 행복은 지속될 것 같은가? 사라질 것 같은가?

• 나는 영원한 행복을 찾았는가?

# 41

## 행복은 나눌 때
## 찾아온다

우리 주변에는 두 종류의 사람이 있다. 하나는 베푸는 사람이고, 또 하나는 받기만 하는 사람이다. 받기만 하면 자존감이 떨어진다. 그러나 베푸는 사람은 자존감이 강하다. 긍정적인 사람들은 다른 사람에게 자주 베푼다. 그러나 부정적인 사람은 많이 가지고 있어도 좀처럼 남에게 주지 않으려 한다. 그 안에 탐욕이 있기 때문이다. 가진 것을 나누면 탐욕을 버리는 훈련의 효과가 있다. 베풀지 않으면 우리 안에 탐욕을 쌓아만 가게 된다.

연구 결과에 의하면 사회에 기여하고 이웃을 위해 봉사하는 사람들은 긍정적이고 활동적이며 대인관계가 좋다고 한다. 또 정신적, 육체적으로 더 건강하다고 보고되고 있다. 이웃에 관심을 갖기보다 오직 자기 자신에만 몰입하는 사람은 남에게 베푸는 데 인색하다. 남에게 베푸는 데 시간을 할애하지 않는다. 우리나라는 자원봉사자의 숫자가 많지 않다. 그러나 외국의 자원봉사의 수준은 대단하다. 미국만 해도 1억 명 이상이 자원봉사자로 활동하고 있다. 자기의 시간과 마음과 재능과 지식과 물질을 가지고 기꺼이 봉사하는 일은 우리를 행복하게 한다. 이웃을 위해 봉사하는 것은 이웃을 이해하는 데 한몫한다. 봉사를 하지 않으면 이웃을 잘 모른다. 나눔과 봉사를 통해 우리는 더 많은 것을 배운다.

우리는 왜 이웃과 나누고 베푸는 삶을 살아야 하는가? 그것은 우리의 선행을 드러내기 위함이 아니다. 그것은 진 빚을 갚는 것과 같다. 생각해 보라. 여기까지 혼자 왔는가? 그렇지 않다. 가족과 이웃과 친구와 이름 모르는 주변의 수많은 사람들이 있었기에 여기까지 올 수 있었다. 지금 나의 행복은 나 혼자 이룬 것이 아니다. 이웃의 역할이 크다. 그들이 없었다면 오늘 나의 행복은 이루어질 수 없었을 것이다. 모두 빚을 진 것이다. 그렇다면 당연히 그들에게 진 빚을 갚아야 하지 않겠는가? 나의 것을 다시 되돌려 나누어주는 것이다. 그렇게 함으로써 행복이 나에게 찾아온다. 빚진 상태로 살면 늘 마음이 무겁고 답답하다. 그러나 그 빚을 청산하고 나면 마음이 후련하고 행복하다.

가능한 많이 베풀어라. 행복은 주는 만큼 나에게 찾아온다. 예수님도 제자들에게 말씀하셨다. "거저 받았으니 거저 주어라." 사도 바울은 자신은 '복음의 빚진 자'라고 고백하면서 그런 마음으로 복음을 전하며 남은 생애를 살았다. 이것은 마땅한 일이지 자랑할 만한 일이 아니다. 나눔은 이웃을 위해서 한다기보다는 나를 위해서 하는 것이다. 빚진 사람이 빚을 갚는 일차적인 목표는 자신을 위해서이다. 자신의 평화를 위해서 하는 것이다. 우리도 이런 마음을 가지려면 가능한 많이 이웃과 나누어야 한다. 시간이 있는 대로 베풀면 좋을 것이다.

봉사하고 나누는 자세는 고압적이면 안 된다. 서기관과 바리새인들처럼 자기를 드러내고 자랑하는 구제는 바람직하지 않다. 이런 나눔은 오히려 자기에게 불행을 가져다 준다. 많이 구제하고 나누고서도 불행한 사람이 될 수 있다. 그것은 자신을 드러내기 위한 나눔이기 때문이다. 빚진 사람이 빚을 갚을 때 어떻게 갚는지 생각해 보면 이해가 된다. 섬기는 자세로 그동안의 은혜에 감사하는 마음을 가지고 빚을 갚는다. 우리도 이런 마음으로 나누고 베풀어야 한다.

주변을 돌아보면 봉사활동을 할 분야는 많다. 나의 도움을 필요로 하는 사람은 가까운 곳에 있다. 물질이 없어도 봉사할 수 있다.

나에게 있는 것으로 나누면 된다. 주변의 독거노인을 찾아본다든지, 소년소녀 가장들에게 관심을 가지면서 그들을 위로해줄 수 있다. 눈을 들어보면 어려움에 처한 사람들이 우리 주위에는 너무나 많이 있다.

나는 오래전부터 구치소에서 작은 봉사를 하고 있다. 하나님이 나에게 주신 은사인 말씀을 전하고 가르치는 일로 봉사를 한다. 그것을 나누는 일은 즐거운 일이다. 복음을 나누면서 그들의 삶이 변화되는 것을 보는 것은 여간 행복한 일이 아니다. 세상적으로 보면 그들은 만나고 싶지 않은 죄인들이지만 나는 그들을 만나러 갈 때마다 행복을 느낀다. 말씀을 나누면서 함께 일어설 수 있다는 것이 얼마나 감사한지 모른다. 이렇게 시작한 것이 어느덧 나의 일상생활이 되었다. 그들을 보면서 나의 허물을 보게 되고 편견을 깨는 기회가 되었다. 봉사를 통해 그들을 이해할 수 있는 마음을 주신 것에 감사하다.

우리는 혼자 살 수 없다. 서로 기대면서 살아야 하는 존재들이다. 한 사람이 무너지면 결국은 나도 무너진다. 그들은 또 다른 나의 가족이며 나 자신이다. 이렇게 생각하면 서로 도우면서 함께 살아가는 것이 당연하다. 행복은 그 속에서 피어난다. 사랑하며 봉사하면 그것을 주는 사람과 받는 사람 양쪽 모두를 치유한다는 사실을 아는가? 스스로 불행하다는 생각이 들 때가 있거든 이웃을 찾아 빚을 갚는 심정으로 봉사해 보라. 그러면 나는 정말 행복한 사람이라는 것을 알게 될 것이다.

### 알고 있는가?

• 행복은 이웃에게서 온다는 사실을…

• 행복은 다른 사람이 기뻐하는 것을 보는 데서 온다는 사실을…

• 행복은 다른 사람을 나처럼 생각하는 순간 온다는 사실을…

• 행복은 모두가 좋을 때 온다는 사실을…

# 42

# 지금 행동하라

누구나 단 한 번의 인생을 산다. 좋은 일을 할 수 있다면 지금 당장 하라. 좋은 일을 할 수 있는 시간은 그렇게 많지 않고 그런 기회는 오늘로 마지막일 수도 있기 때문이다. 진실한 마음으로 하고 싶은 일을 행하는 것은 인생에서 참으로 즐거운 일이다. 성공과 실패를 생각하기 전에 일단 하고 싶은 일을 실행한다는 것만으로도 행복하다.

여기 한 사람이 있다. 그는 다니던 대학을 그만두고 자기가 좋아하던 미술공부를 본격적으로 시작했다. 그의 예술이 아름답게 승화되기 시작한 시점은 사랑하는 아내가 죽고 부채로 전 재산을 날리고 난 뒤부터였다. 슬픔과 절망 가운데 그는 기독교 신앙을 갖게 되었고 이전에 알지 못하던 고귀한 체험을 하면서 인생의 가치를 종교적인 회화로 승화시켜 나갔다.

이윽고 그의 작품은 불후의 명작으로 인정받게 되었고, 그는 17세기 네덜란드와 유럽을 대표하는 위대한 화가가 되었다. 이런 명성을 얻게 된 그에게 한 미술학도가 찾아와서 물었다.

"어떻게 그림을 그려야 좋겠습니까?"

그는 주저하지 않고 이렇게 대답했다.

"지금 당장 붓을 잡고 시작하세요."

이 사람이 바로 네덜란드의 역사에서 가장 중요한 화가로 인정받는 '렘브란트'다.

바보들은 항상 결심만 한다. 그리고 실천하지 않는다. 왜 그럴까? 그것은 미래에 대한 두려움 때문이다. 앞으로 일어날 일을 자기 스스로 예측하여 미리 결론을 내리기에 실천을 하지 못한다. 분명히 좋은 것인 줄 알지만 그것으로 인해 나타나는 결과에 대해서 두려워하고 현재에 만족하는 사람은 실천을 하지 않는다. 그것은 자기 교만이다. 사람은 생각만으로 변화되지 않는다. 만약 생각으로만 머물러 있다면 그것은 아직 변화된 것이 아니다. 생각이 행동으로 이어질 때 온전히 변화된 것이라 말할 수 있다.

아직 가보지 않은 길에 대해서 두려워하면 실천은 힘들다. 가보기 전에는 그 길에서 무슨 일이 일어나고 있는지, 어느 갈래로 인생 길이 열릴지 아무도 모른다. 그런데 그것을 나의 짧은 생각과 경험으로 미리 판단하는 것은 교만이다. 우리는 삶의 변화를 마음과 생각으로만 꿈꾸려고 한다. 그래서는 안 된다. 품은 마음과 깨달은 생각을 실천할 때 그 꿈은 이루어진다. 실천하기까지는 아직 꿈이 아니다. 시도해보기 전까지는 자기가 얼마나 위대한 사람인지 아무도 모른다. 이것은 어느 특별한 사람만이 아닌 모두에게 해당되는 것이다. 하나님이 만드신 모든 인간에게는 위대한 힘이 있다.

믿음 생활도 결국은 실천이다. 행하지 않는 믿음은 죽은 믿음이다. 들은 말씀을 행하고 지킬 때 말씀의 역사가 일어난다. 사단은 우리에게 다가와 들은 말씀을 여러 가지 이유를 들어 실천하지 못하게 한다.

여기에 속으면 안 된다. 지혜로운 자는 들은 말씀을 실천에 옮기는 자이다. 말씀을 확인해 보고 싶지 않은가? 그러면 지금 당장 실천하라. 실천하면서 우리는 자신의 문제점을 알 수 있다. 그리고 변화를 경험하게 된다.

탈무드에 이런 말이 있다. "좋은 항아리를 갖고 있거든 지금 당장 사용하라. 내일이면 깨져 버릴지도 모른다."

성공의 비결은 간단하다. 좋아하는 것이 있다면 지금 당장 시작하라. 옳다고 믿으면 즉시 실천을 해 보라. 특별한 왕도는 없다. 더 이상 머뭇거리지 말고 당장 시작하라. 늦었지만 이렇게 시작한 것이 오히려 성공을 앞당길지 누가 알겠는가? 누구나 성공의 잠재력을 갖고 있다는 사실을 잊지 말자.

내 안에 있는 주님의 능력은 실천하는 자에게 나타난다.

행복은 실천하는 자에게 다가온다. 오늘 당장 해 보면 거기서 오는 행복을 느끼게 될 것이다. 누구든지 전도해 보면 거기서 복음의 능력을 경험하게 된다. 말씀을 전하기 전까지는 말씀의 위력을 아무도 모른다. 그동안 묵상하고 깨달은 것이 있다면 믿음을 가지고 지금 실천하라. 그러면 오늘 당장 행복해질 수 있다. 예기치 않은 하나님의 복을 경험하게 될 것이다.

**생각해 보자.**

- 오늘 당장 할 수 있는 일은 무엇인가?
- 실천하는 데 걸림돌은 무엇이며 그것을 어떻게 해결하겠는가?

## 43

# 오늘 당장
# 행복할 수 있다

사람은 누구든지 행복해지기를 원한다. 그러나 그것은 생각처럼 잘 안 된다. 세상에는 행복하다고 생각하는 사람보다 불행하다고 생각하는 사람이 더 많다. 왜 그럴까? 그것은 생각과 마음 때문이다. 세계인들의 행복지수를 조사한 자료를 보면 가난한 나라로 알려진 방글라데시가 1위를 차지했고 그 뒤를 아제르바이잔, 나이지리아가 따른다. 우리나라는 23위이다. 이것으로 행복은 주변의 환경이 아니라 사람의 마음상태에 따른 것임을 알 수 있다. 행복하기 위해서는 먼저 마음상태를 제대로 만드는 것이 중요하다.

행복은 사람의 마음상태에 따라 달라진다. 하루에도 수십 번 행복과 불행이 교차된다. 이렇게 보면 행복은 상대적이다. 사람들이 느끼는 정도에 따라 행복이 결정된다. 보통 사람들은 많은 돈과 명예를 가지고 있으면 행복하리라고 생각한다. 그러나 막상 어느 정도 여유로운 생활을 하게 되면 또 다른 문제가 생기면서 행복해하지 못하는 경우가 많다. 행복은 주변의 환경이나 경제적인 것이 아닌 마음에서 온다. 행복의 샘터는 다른 곳이 아닌 마음이다. 마음을 바르게 하면 모두 행복할 수 있다. 이렇게 보면 누구든지 오늘 이 시간에 행복할 수 있다.

"심령이 가난한 자는 복이 있나니 천국이 저희 것임이요" (마 5:3)

행복은 마음과 심령에서 결정된다. 정말 행복하고 싶으면 좋은 마음과 거듭난 심령을 갖는 것이 중요하다. 나쁜 마음을 갖고 있거나 세속적인 영에 지배를 받으면 그는 어디를 가도 불행하다. 불행한 사람이 따로 존재하는 것이 아니다. 행복한 사람 역시 정해져 있는 것이 아니다. 불행은 사람의 마음이 흔들리면 누구에게나 나타나는 현상이다. 반면에 마음을 하나님께 두고 있으면 그는 어디에 있어도 행복하다. 이것이 행복의 신비다. 많은 사람들은 이런 행복의 신비를 잘 알지 못하고 엉뚱한 곳을 찾아 헤맨다.

똑같은 상황에서도 어떤 사람은 행복하고 어떤 사람은 불행하다. 행복은 상황이 아니라 마음에 있기 때문이다. 우리가 행복하기 위해서는 마음을 허망한 데 두지 않아야 한다. 문제는 내 마음을 내가 어떻게 하지 못하는 데 있다. 대부분의 사람들이 행복이 마음에 있는 줄은 알지만 그 마음을 스스로 붙잡는 것은 어려워한다. 수시로 변하는 나의 마음을 굳게 세워야 하는데 그것이 내 힘으로 안 된다. 여기에서 많은 사람들이 무너진다. 그렇다면 어떻게 해야 하는가? 그것은 오직 하나님이 나를 붙잡아 줄 때만이 가능하다. 주님이 주신 마음만 있으면 나는 어디에서도 행복할 수 있다.

레바논의 시인 칼릴 지브란은 이렇게 말했다.

"사물의 겉모습은 우리의 감정에 따라 변해 보인다. 우리는 사물들 속에 있는 매력과 아름다움을 본다고 하지만 그 매력과 아름다움은 바로 우리들 내부에 존재하는 것이다."

세상과 사람을 보는 것은 육신의 눈이 아니다. 마음으로 보는 것이다. 그 사람의 마음상태에 따라 사물은 달라진다. 행복도 결국 마음에서 결정된다.

인생을 살면서 가능한 마음을 풍성하게 하는 시간을 많이 가져라. 육신보다 영혼을 아름답게 만들어라. 그것에 따라서 나의 행복이 달라진다. 아무도 자신의 눈높이보다 높게 볼 수 없다. 우리의 마음속에 있는 것으로 다른 사람의 마음속에 있는 것을 보게 된다. 나의 수준에 따라 다른 사람을 이해하는 것이다. 내가 행복 하면 세상이 아름답게 보이고 다른 사람을 행복하게 하는 데 시간 을 보낸다. 그러나 내가 불행하다고 생각하면 세상이 추하게 보이 고 다른 사람을 불행하게 만든다. 내가 가진 물질의 수준이 행복 을 결정하는 것이 아니라 마음의 수준이 행복을 결정하는 것이다. 지금이라도 주님의 마음을 품자. 만약 나의 마음을 주님의 마음으 로 만들 수 있다면 나는 언제 어디서나 행복한 사람이 될 수 있다.

### 행복한 사람의 특징

- 특별한 환경이 아니라 특별한 마음자세를 갖고 살아간다.
- 모든 사람을 사랑한다.
- 하고 싶은 일을 한다.
- 자기 일을 찾아낸다.

# 44

# 가진 만큼
# 남에게 줄 수 있다

진정 행복한 사람이란 남에게 줄 수 있는 사람이다. 자기만을 위해서 사는 사람은 결코 행복할 수 없다. 아름다운 것의 특징은 주기 위해 존재한다는 것이다. 타인을 위해 존재하는 것은 모두가 아름답다. 예수님이 왜 그렇게 위대한지 아는가? 그것은 자신의 모든 것을 인류를 위해 주셨기 때문이다.

"인자의 온 것은 섬김을 받으려 함이 아니라 도리어 섬기려 하고 자기 목숨을 많은 사람의 대속물로 주려 함이니라" (막 10:45)

크리스천이 지향하는 삶의 목표는 오직 하나다. 예수님처럼 모든 것을 주는 사람이 되는 것이다. 그렇게 가지고, 그렇게 쌓는 것도 결국은 주기 위해서다. 주는 데 관심이 없을 때 우리는 그것을 욕심이라고 말한다.

행복한 사람이 되고 싶은가? 가능한 많은 것을 주는 인생을 살라. 행복은 주는 데서 오는 법이다. 나이가 들수록 이것을 빨리 터득하는 것이 지혜로운 일이다. 숨이 넘어가기 전에 이 비밀을 깨닫는다면 얼마나 가슴 아픈 일인가? 그런데 아직도 이것을 알지 못하고 수많은 재산을 땅에 묻어두고 죽을 날을 기다리는 사람들이 있다. 정말 불행한 사람이다.

남에게 주는 삶을 살기 위해서는 우선 많이 가져야 한다. 가진만큼 줄 수 있기 때문이다. 주기 위해서 돈을 많이 버는 것은 유익하다. 그런 마음으로 돈을 번다면 좋은 부자가 될 것이다.

없는 것을 줄 수는 없다. 다른 사람에게 주지 못하는 것은 줄 수 있는 것이 내게 없기 때문이다. 다른 사람에게 사랑을 주기 위해서는 사랑을 가지고 있어야 한다. 다른 사람을 잘 가르치기 위해서는 내가 먼저 이해해야 한다. 사랑을 주려면 사랑을 이해해야 한다. 사랑을 이해하려면 사랑을 배워야 한다. 사랑을 배우려면 사랑 안에서 살아야 한다. 사랑을 알지 못하는 상황에서는 사랑의 고마움을 알지 못한다.

주님이 우리를 위해 십자가의 사랑을 베풀어 주셨는데 우리는 그 사랑을 잘 알지 못한다. 왜 그런가? 주님의 사랑을 말씀을 통해 더 깊게 배우지 않았기 때문이다. 주님의 사랑 안에 거하면서 주님의 사랑의 고마움을 알게 되면 자연히 다른 사람에게 그리스도의 사랑을 전하는 사람이 된다.

왜 주님의 사랑을 배우려고 하는가? 왜 그 사랑을 더 알려고 하는가? 그것은 주님의 사랑을 다른 사람에게 나누어 주기 위해서이다. 많은 사람들이 그리스도의 사랑을 잘 전하지 못한다. 그것은 주님의 사랑을 잘 알지 못하기 때문이다. 주의 사랑이 마음에 부족하기 때문이다. 흘러 넘치는 사랑을 가지고 있으면 남에게 사랑을 주지 않을 수 없다.

어떻게 하면 남에게 줄 수 있는 풍성한 사람이 될 수 있는가? 하나님의 복을 많이 받은 사람이 되려면 이 시간 무엇을 해야 하는가? 답은 간단하다. 내가 먼저 행복한 사람이 되는 것이다. 그러면 자연히 다른 사람을 행복하게 할 것이다. 사람이 물질보다 중요하다. 가장 좋은 나눔은 물질을 주는 것이 아니라 나 자신을 주는 것이다. 이렇게 되면 물질이 없다 해도 줄 수 있는 것이 나에게 있게 되는 것이다. 주님이 부르시는 날까지 나의 것을 주면서 살 수 있다.

점차 나이가 들면서 우리는 이것에 더 관심을 가지고 좋은 사람이 되도록 해야 할 것이다. 소유보다 존재에 시간을 투자하라. 내가 행복하지 않으면 내가 주는 물질도 누군가를 행복하게 할 수 없다. 행복하게 하는 것은 물질이 아닌 사람이 하는 것이다. 그래서 오래전에 예수님은 제자들에게 이렇게 말씀하셨다.

"마음이 가난한 사람은 복이 있다. 하늘 나라가 그들의 것이다.

슬퍼하는 사람은 복이 있다. 그들이 위로를 받을 것이다.

온유한 사람은 복이 있다. 그들이 땅을 차지할 것이다.

의에 주리고 목마른 사람은 복이 있다. 그들이 배부를 것이다.

자비한 사람은 복이 있다. 그들이 자비함을 입을 것이다.

마음이 깨끗한 사람은 복이 있다. 그들이 하나님을 볼 것이다.

평화를 이루는 사람은 복이 있다. 그들이 하나님의 자녀라고 불릴 것이다.

의를 위하여 박해를 받은 사람은 복이 있다. 하늘 나라가 그들의 것이다" (마 5:3~10) 〈표준새번역〉


**위의 팔복 중에서 다음을 질문해 보자.**

• 나는 팔복의 사람 중에서 어디에 해당되는가?

• 나에게 가장 부족한 복은 무엇인가?

• 가장 먼저 가졌으면 하는 복은 무엇인가?

# Part 10

## 찬란한 인생을
## 꿈꾸며 살아라

# 45

# 모든 일에
# 최선을 다하라

모든 일에 최선을 다하는 것은 누구든지 할 수 있는 쉬운 일인 것 같지만 사실 이것처럼 어려운 일도 없다. 어떤 하나의 일에서 최선을 다하는 것은 할 수 있지만, 모든 일에서 최선을 다한다는 것은 어렵기 때문이다. 특히 자기가 싫어하는 일이라든지, 피하고 싶은 일에 끝까지 최선을 다한다는 것은 아무나 할 수 있는 일은 아니다. 모두가 최선을 다하고 싶지만 그것이 그렇게 만만한 일은 아니다. 최선을 다한 사람을 보면 아름답고 감동적이다. 주어진 일에 최선을 다했다면 순위에 상관없이 그는 일등한 것이다. 그러나 최선을 다하지 않았다면 설사 일등을 했다 하더라도 그는 진정한 일등은 되지 못한 것이다.

그렇다면 최선을 다한다는 것은 무슨 말인가? 크게 세 가지로 생각해 볼 수 있다.

첫째, 끝까지 기다리며 인내한다는 의미이다.

죽음의 순간까지 최선을 다한다는 것을 말한다. 죽음 자체도 최선을 다해서 인생을 마무리하는 것이다. 최선을 다해 일생을 열심히 살다가 죽음 앞에서는 정작 초라하게 죽는 사람이 있다. 예를 들면 자기 스스로 목숨을 끊는 행동은 마지막에 최선을 다하지 못하는 비굴한 모습이다. 너무 힘들어서 고통스럽게 지내다가 마지막에 세상과 하나님을 원망하며 죽는 것 역시 같은 것이다.

둘째, 작은 일을 소중히 여긴다는 의미이다.

모든 일에 최선을 다한다는 것은 작은 것부터 시작하는 것을 말한다. 사람들은 크고 화려한 일에는 최선을 다하지만 작고 보잘것없는 것은 무시하는 경향이 있다. 높은 지위를 갖고 힘을 소유하다 보면 작은 것에 소홀하기 쉽다. 초라하고 작은 것은 아예 거들떠보지 않는 사람이 있다. 우리는 이것을 조심해야 한다. 주님은 지극히 작은 자에게 하지 않는 것은 곧 하나님에 대해 하지 않는 것이라고 말씀하셨다. 최선을 다하는 사람인지를 알려면 작은 것에 대한 태도를 보면 알 수 있다.

큰 나무도 작은 가지에서 시작된다. 높은 탑도 작은 벽돌 하나를 쌓는 데서 시작된다. 성공은 작은 노력들이 한데 모여서 이루어지는 것이다. 성공은 결과지 목적이 아니다. 맡겨진 작은 일에 최선을 다하다 보니 좋은 결과를 이루는 것이다. 주어진 일에 감사하며 그것을 즐기며 최선을 다하는 것이 중요하다.

셋째, 성실하게 일한다는 의미이다.

모든 일에 최선을 다한다는 것은 처음과 마지막이 같다는 것을 말한다. 시작할 때는 열심인데 끝날 때는 흐지부지하는 사람이 있다. 많은 사람들이 이렇게 산다. 이것은 최선을 다하는 태도가 아니다. 처음과 끝이 한결같은 사람은 어디를 가든지 인정을 받는다. 하나님은 그런 사람을 축복하신다. 처음과 마지막을 같은 마음으로 주의를 기울이며 노력하면 우리는 어떤 일도 해낼 수 있다. 하나님의 성품 중에 하나가 성실과 충성이다. 하나님은 인간에 대해서 신실하시다. 한 번 하신 약속은 끝까지 지키신다. 그런 성실하심이 있었기에 우리가 구원을 받을 수 있었다. 점차 이런 하나님의 신실하심을 닮아가도록 하자.

오늘 나는 최선을 다했는가?
그렇다면 오늘 죽음을 맞이한다고 해도 나는 성공한 사람이다.

## 왜 오늘을 최선을 다해야 하는가?

- 오늘이 마지막일지 모르기 때문이다.

- 오늘 만나는 사람이 마지막 만나는 사람일 수 있기 때문이다.

- 오늘 순간은 두 번 다시 오지 않기 때문이다.

- 오늘 주어진 일이 한 번으로 끝날 수 있기 때문이다.

# 46

# 누구에게나
# 숨은 가능성이 있다

　인간의 뇌 속에는 약 1000억 개의 뉴런이 있다. 이것은 은하계에 있는 별의 수와 맞먹는 규모다. 하나의 뉴런은 이웃해 있는 수천 개의 다른 뉴런들과 연결돼 있다. 인간의 능력으로 상상할 수 없는 장대한 세계, 생명이 다할 때까지 움직이고 팽창하는 또 다른 우주가 바로 우리의 뇌다. 뇌 안에 있는 신비는 인간이 풀 수 없는 비밀로 가득하다. 이것은 인간 안에는 수많은 가능성이 숨어 있다는 것을 보여주는 한 예이다. 뇌뿐만 아니라 과학적으로 밝힐 수 없는 인간의 몸과 마음과 영혼까지 생각하면 그 비밀은 엄청나다.

　이것은 무엇을 의미하는가? 이것은 우리 안에 우리가 생각하는 그 이상의 가능성과 신비가 숨어 있음을 말하고 있다. 특히 하나님의 형상을 닮은 인간은 세상을 관리하고 다스리는 특권을 부여받았다. 인간 안에는 동물과 자연을 넘어서는 특별한 능력이 있다. 아무리 세상에서 뒤지는 사람이라도 그 안에는 우리가 알지 못하는 위대한 능력이 들어 있다.

천재 과학자라고 알려진 아인슈타인은 어릴 때 많은 면에서 뒤지는 아이였다. 말을 배우는 것조차 상당히 더뎌서 지진아가 아닌가 하고 부모가 걱정을 할 정도였다. 그러다가 말을 겨우 할 수 있었지만 그것 역시 어눌하기 그지없었다. 그는 말뿐 아니라 행동도 느려서 '느림보 신부님'이란 별명을 얻었다. 항상 편한 것만 고집하는 버릇이 있었고 달리거나 뛰어다니는 따위의 힘들게 몸을 움직이는 일은 싫어했다. 문학과 산수에는 흥미가 있었지만 국어와 역사는 별로 관심이 없었다. 이런 과목은 남들에게 보이기 위한 시늉조차도 하지 않았다. 한 번은 선생님 한 분에게서 "네가 우리 학교를 떠났으면 좋겠구나"라는 말까지 들었다. 학교에 흥미를 가지지 못했던 아인슈타인은 결국 학교를 떠나게 되었는데 이때 수학 선생님에게 부탁하여 수학 실력이 뛰어나다는 사실을 증명하는 성적표를 받아놓았다. 후에 취리히의 공과대학에 들어가게 되었는데 수학 실력은 인정받았지만 현대어와 동식물 과목에서 성적이 모자라 합격을 하지 못했다. 그러나 수학 실력 덕분에 다시 학교에 들어가 공부하게 되었다. 그리하여 열여섯 살에 불합격의 고배를 마셨던 바로 그 대학에서 서른네 살의 나이로 교수가 되었다. 그리고 마흔두 살에 광자를 발견한 공로로 노벨 물리학상을 받았다.

인간 안에 있는 숨은 가능성을 찾아서 지속적으로 삶의 여행을 계속하다 보면 나에게도 놀라운 힘이 있음을 발견할 수 있다. 세상을 변화시키는 힘이 우리 안에 있다. 이것은 단순히 재능차원이 아니다. 설사 재능을 발견하지 못했다 해서 너무 주눅이 들 필요는 없다. 내 안에 예수님이 있다. 그것 하나만으로도 우리는 무엇이든지 할 수 있다. 세상의 모든 능력은 예수님 안에 들어 있다. 성령님이 역사하시면 산을 옮기는 일까지 할 수 있다.

어떤 사람이 주님에게 나아와 할 수 있거든 귀신들린 자기 아들을 고쳐달라고 말했다. 이때 주님은 말씀하셨다. "할 수 있거든이 무슨 말이냐 믿는 자에게는 능치 못할 일이 없느니라(막 9:23)."

하나님에 대한 믿음을 가지면 우리는 모든 것을 할 수 있다. 내가 하는 것이 아닌 내 안에 계신 주님이 나를 통해 하신다. 주님을 마음에 모신 크리스천은 모두 이런 가능성을 가지고 있다.

오늘도 이런 믿음을 가지고 살아간다면 힘이 날 것이다. 내 안에 있는 주님의 능력은 나이와 상관없이 나타나는 능력이다. 80세의 나이에 주의 능력으로 출애굽 한 모세처럼, 주님의 능력을 믿고 85세의 나이에 가나안 땅 정복에 앞장섰던 갈렙처럼 믿음을 가지면 누구나 위대한 일을 할 수 있다.

**스스로에게 질문해 보자.**

- 하나님이 나에게 주신 가능성은 무엇이라고 생각하는가?
- 주님을 믿고 도전하여 큰일을 이룬 경험이 있는가?
- 나는 모든 능력의 근원이신 주님을 얼마나 신뢰하고 있는가?

# 47

## 자족하는 법을
## 배워라

　어떤 사람이 행복하게 보이는가? 바로 자기의 삶에 자족하며 사는 사람이다. 아무리 많은 것을 소유하고 있어도 자기의 삶에 자족하지 못하면 그는 불행한 사람이다.

　자족하는 법을 배우기 위해서는 우선 자기 일에 만족하는 것이 중요하다. 지금 하고 있는 자신의 일에 대한 자세가 자족을 결정한다. 지금 어떤 일을 하고 있든지 상관없이 그 일에서 의미를 찾고 거기에서 감사할 수 있으면 된다. 하지만 이것이 잘 안 된다. 그 이유는 큰 일, 작은 일 등으로 일을 평가하려는 습성 때문이다. 이것은 오랫동안 이어온 사회적인 관념에 의해 많이 좌우된다. 옛날에는 예술가의 직업을 하찮게 여겼다. 광대 같은 직업은 천한 것으로 생각했다. 그러나 지금은 예술가나 연예인이 많은 인기를 누리고 있다. 또 다른 이유는 외적으로, 물질적으로 직업을 평가하는 편견 때문이다. 특히 보수가 많은 직업은 좋다는 인식이 깔려 있다. 이것은 모든 것을 물질적으로 평가하려는 세태를 반영한다. 이런 사고가 우리 속에 자리 잡고 있는 한 자족은 어렵다.

모든 일은 하나님께서 주신 성직이다. 나름대로 다른 사람에게 유익을 준다면 그것은 좋은 직업이다. 그리고 우리가 사는 데 꼭 있어야 할 직업이라면 그것은 좋은 것이다. 어쩌다 하루라도 집 앞의 쓰레기를 치우지 않으면 얼마나 고역스러운지 모른다. 이때 청소부의 소중함을 생각하게 된다. 하루의 삶에서 자족하는 비결은 내가 하는 일이 하나님이 나에게 맡기신 일이라고 생각하는 것이다. 그리고 그 일에서 즐거움을 찾는 것이다. 그렇게 하면 누구든지 자족하면서 살 수 있다. 작은 일이라도 그 일에 충성하면서 하나님의 이름을 드러낼 수 있다면 감사한 것이다. 사람의 만족은 상대적이다. 만족하다고 생각하면 누구든지 만족할 수 있다.

사도 바울은 자기의 삶은 자족하는 것이라고 말했다.

"내가 궁핍하므로 말하는 것이 아니라 어떠한 형편에든지 내가 자족하기를 배웠노니 내가 비천에 처할 줄도 알고 풍부에 처할 줄도 알아 모든 일에 배부르며 배고픔과 풍부와 궁핍에도 일체의 비결을 배웠노라 내게

능력 주시는 자 안에서 내가 모든 것을 할 수 있느니라" (빌 4:11~13)

어떤 일이든 자족하는 것은 쉽지 않다. 자족은 단번에 이루어지는 것이 아니다. 자족은 연습과 배우는 것을 통해 이루어진다. 보통 사람들이 만족하지 못하는 이유는 정말 좋은 것을 가지지 못했기 때문이다. 그런 사람은 늘 욕구불만이 있다. 가져도 만족을 모른다. 그러나 이미 좋은 것을 가진 사람은 자기에게 없는 것에 대해서 크게 신경을 쓰지 않는다. 크리스천은 세상 사람들과 다르게 만족하며 사는 사람이다. 왜냐하면 크리스천은 세상 어떤 것으로도 바꿀 수 없는 예수님을 가졌기 때문이다. 예수님보다 더 가치있는 것은 없다. 하나님은 우리에게 이것을 선물로 주셨다. 이것을 안다면 우리는 세상 속에서 자족하면서 살 수 있다. 중요한 것은 믿음이다. 얼마나 예수님에 대한 믿음을 가지고 있느냐에 따라 자족의 여부가 판가름난다. 자족은 가까운 곳에 있다. 소중한 주님을 얼마나 신뢰하고 주님을 믿은 것에 얼마나 감사하느냐에 따라 자족의 삶은 나타날 것이다.

나이가 들면서 우리는 자족을 배워야 한다. 그렇지 못하고 욕심만 커지면 그것은 초라한 것이다. 세상의 것은 시간이 지나면서 버려야 한다. 그리고 마지막에 예수 그리스도가 남아 있어야 한다. 그렇다면 지금부터라도 내 안에 있는 예수님으로 만족하는 삶을 배워야 할 것이다. 예수님에게 집중하고 그 안에서 행복해지는 비결을 터득한다면 언제, 어디서나 행복한 삶을 살 수 있다. 먹을 것과 입을 것이 있는가? 그러면 족한 줄로 알고 살아가자. 죽을 때는 아무것도 가지고 가지 못한다. 누구든지 마지막에는 빈손으로 가는 것이라고 생각하면 지금 없다고 해서 그렇게 안달할 필요가 없다. 살아 있는 것만 해도 감사한 것 아닌가? 영원히 사라지지 않는 최고의 주님이 내 안에 계신다면 말이다.

**나의 자족지수를 점검해 보자.**

- 나의 가족에 만족하는가?
- 나의 일에 만족하는가?
- 나의 나이에 만족하는가?
- 지금까지 살아온 인생에 만족하는가?
- 나에게 만족을 주는 것을 가지고 있는가?

## 48

# 인생의 일출과 일몰은
# 모두 찬란하다

아침에 해가 뜨는 모습을 본 적이 있을 것이다. 누구든지 찬란하게 떠오르는 태양을 보고 있노라면 가슴이 뛰면서 갑자기 힘이 솟구침을 느낀다. 오래전에 가족과 같이 정동진으로 휴가를 간 적이 있었다. 정동진의 아름다운 일출 장면은 지금도 잊을 수 없다. 정동진은 지금도 새해가 되면 일출을 보기 위해서 전국 각지에서 수많은 사람들이 모여드는 명소다. 그러나 알고 있는가. 일출 못지않게 일몰도 아름답다는 사실을. 태양이 산 너머로 사라지는 일몰의 모습은 보는 이로 하여금 황홀감을 갖게 한다. 태양 주위를 붉게 물든 일몰의 모습은 감동을 주기에 충분하다. 일출과 일몰은 매일 우리가 볼 수 있는 자연의 신비로운 모습이다.

일출과 일몰은 모두가 찬란한 모습을 지니고 있다. 그래서 사람들은 이 둘을 모두 좋아한다. 뜨는 태양과 지는 태양의 모습은 인생의 모습과 같다.

세상에 태어나는 아이나 세상을 떠나는 노인이나 모두 아름답다. 그런데 사람들은 인생을 마치는 노인의 모습은 그렇게 좋아하지 않는다. 왜 그럴까? 아마 죽음 때문일 것이다. 아이는 생명과 연관이 있지만 노인은 죽음과 관련이 있다는 생각 때문에 대부분 노인의 모습을 싫어한다. 그러나 그것은 죽으면 끝이라는 생각에서 나오는 편견이다. 죽음은 또 다른 시작이라는 믿음을 가지면 인생의 마지막도 아름답다는 생각이 들 것이다. 세상 사람들에게는 이상하게 들릴지 모르지만 크리스천에게는 당연한 이야기다. 크리스천과 세상 사람들의 다른 점은 바로 여기에 있다. 그래서 믿음을 가진다는 것은 행복한 일이다. 예수를 믿고 죽음에서 해방된 기쁨을 가진 사람은 오늘 죽어도 행복하다. 예수를 믿고 죽는 사람은 다시 사는 부활의 소망이 있다. 완전한 퇴장이 아니라 다시 등장하기 위한 퇴장이다. 무대에서 연극하는 배우들은 연극하는 그 순간도 즐겁지만 연극을 마친 후에 관객 앞에 다시 나와서 인사하는 그 순간을 더 기다린다. 배우는 관객들의 박수를 받으면서 인사하는 순간 그동안의 수고와 고생을 보상받는 즐거움이 있다.

연극이 시작될 때의 기대감도 있지만 끝나고 퇴장하는 아름다움도 있다. 무대의 막이 내려지고 감동의 박수가 쉬지 않고 울려퍼지는 모습은 연극이 행해지는 순간만큼이나 멋있다. 사람들은 마지막에 이런 감동의 박수를 받고자 어려운 인생을 묵묵히 사는지도 모른다. 한번의 박수는 그동안 겪었던 인생의 수고와 아픔을 기쁨의 눈물로 변하게 하는 힘이 있다. 우리도 무대에서 멋있게 퇴장하는 배우처럼 인생을 마무리하면 얼마나 좋을까?

시작이 아름답다면 끝도 아름다워야 하지 않을까? 이 중에 하나만 기쁘다면 그것은 문제가 있다. 멋있는 인생의 출발이었는가. 그렇다면 인생을 마치는 것도 아름답게 마무리해야 한다. 그림을 다 그리고 만족함으로 붓을 놓는 화가처럼 인생을 그렇게 마치면 그 인생은 성공한 것이다.

멋있는 완성작품을 위해 우리의 인생도 마지막까지 혼신을 다하자. 찬란한 태양이 산 너머로 사라질 때 주변의 구름이 홍조를 띠며 아쉬워하는 것처럼, 우리도 주변 사람들과 하늘의 천사들의 박수를 받고 이 세상을 떠난다면 그보다 더 좋은 인생은 없을 것이다. 아름다운 퇴장을 상상하면서 오늘 하루를 산다면 나이 드는 것은 결코 서글프지 않을 것이다.

마지막이 찬란한 인생이 되기 위해서는 끝까지 주님을 바라보는 것이 중요하다. 주님을 소망으로 삼고 살아가면 누구나 찬란한 인생이 될 수 있다. 나이가 들수록 이 세상보다는 하나님의 나라를 기대하면서 사는 것이 지혜롭다. 그러면 시간이 갈수록 멋있는 인생이 될 수 있다. 시작과 마지막을 내가 아닌 하나님으로 남게 한다면 말이다.

"나는 알파와 오메가요 처음과 나중이요 시작과 끝이라" (계 22:13)

**오늘 나에 대해 이렇게 질문해 보자.**

• 오늘 하루를 최선을 다해 살았는가?

• 오늘이 마지막 시간이라 해도 슬프지 않은 이유를 갖고 있는가?

• 인생의 마침표를 어떻게 찍고 싶은가?

• 마지막에 남는 것이 내가 아니라 하나님이 될 수 있게 살았는가?

# 49

# 배우는 자세로 보면
# 모두가 귀하다

세상에 일어나는 좋지 않은 일을 볼 때 더럽고 추악한 세상이라고 생각하면서 세상을 부정적으로 보는 사람이 있다. 심지어 그것에 환멸을 느끼면서 더 이상 살 희망이 없다는 극단적인 생각을 하는 사람도 있다. 우리가 만나는 사람들 가운데 만사를 부정적으로 보는 사람이 있다. 왜 그럴까? 그것은 그들 마음속에 많은 상처가 있기 때문이다. 마음속에 있는 상처가, 분노함과 원망이 부정적인 것으로 드러나는 것이다. 자기만 옳은 것처럼 생각하면서 다른 사람들을 쉽게 정죄한다. 이런 모습은 교만한 사람에게 나타나는 일반적인 특징이다.

내가 교만한지를 알 수 있는 또 하나의 방법이 있다. 만약 배우는 데 더 이상 관심이 없거나 그 열정이 식었다면 지금 교만을 향해 가고 있다고 보면 틀림없다. 여기서 배운다는 것은 학교에 가서 공부하는 것을 의미하는 것이 아니다. 모든 삶에서 배우는 자세를 가지는 것을 말한다.

누가 겸손한 사람인가? 모든 것을 배우는 자세로 대하는 사람이다. 심지어 어린아이를 만나도 배우는 자세로 대하는 것을 말한다.

나이가 들거나 지위가 올라가고, 또 가진 것이 어느 정도 되면 사람은 고개가 잘 수그러지지 않는다. 처음에는 그렇지 않았는데 시간이 갈수록 잘 안 된다. 그 이유는 더 이상 배우지 않아도 된다는 마음을 가졌기 때문이다. 이제 알 만큼 알았다는 교만함이 외적으로 나타나는 것이다. 이것은 주변 상황에도 적용된다. 힘들고 어려운 일을 만날 때 쉽게 풀이 죽고 힘이 빠지는 것은 자기 고집에 사로잡혔기 때문에 나타나는 현상이다. 그것도 일종의 교만이다. 배움에 대한 생각이 사라졌기 때문이다. 자기 혼자 판단하고 결정하는 못된 습성이 나를 힘들게 하고 다른 사람에게까지 피해를 준다.

세상을 살면서 우리가 알 수 있는 것은 지극히 제한적이다. 나의 얼굴을 볼 수 있는 부분은 기껏해야 앞으로 튀어나온 코 정도다. 거울을 통하지 않고는 나의 얼굴을 볼 수 없다. 자기 얼굴도 보지 못하는 사람이 무엇을 안다고 말할 수 있는가? 사람은 대단한 것 같아도 사실은 전부를 볼 수 없다. 자기 얼굴에 무엇이 묻었는지도 모르는 연약한 것이 인간이다. 다른 사람을 통해서만이 자신의 모습을 알 수 있다. 이런 자신의 모습을 안다면 감히 무엇을 안다고 말할 수 없을 것이다.

사람이 나이가 든다는 것은 무엇을 의미하는가? 이런 진리를 깨닫는 데 있다. 그러면 그는 멋있게 나이 드는 것이다. 그렇게 되면 나이가 들수록 더 겸손하고 남을 배려하고 인정하는 태도가 자연스럽게 나오게 된다. 이런 사람과는 가까이 있는 것만으로도 하루가 즐겁고 행복하다.

구약성경에 나오는 욥은 자기에게 닥친 고난의 이유를 알려고 노력했다. 그러나 알 수 없었다. 욥은 하나님과 대화를 하면서 자신이 알 수 있는 것은 별로 없다는 사실을 깨닫는다. 세상에 일어난 일에 대해서 무엇을 안다고 한 것이 결국은 자신을 힘들게 한 것임을 깨닫게 된다(욥기 38~41장). 나중에 욥은 이렇게 고백하면서 인생의 결론을 맺는다.

"나는 미천하오니 무엇이라 주께 대답하리이까 손으로 내 입을 가릴

뿐이로소이다 내가 한두번 말하였사온즉 다시는 더하지도 아니하겠고 대답지도 아니하겠나이다" (욥 40:4~5)

"내가 스스로 깨달을 수 없는 일을 말하였고 스스로 알 수 없고 헤아리기 어려운 일을 말하였나이다 … 그러므로 내가 스스로 한하고 티끌과 재 가운데서 회개하나이다" (욥 42:3, 6)

늘 배우는 자세로 세상을 바라보고 하나님이 하시는 일을 생각하면 버릴 것이 없다. 모든 것이 의미가 있고 감사하다. 하나님의 손을 떠나서는 아무것도 이루어질 수 없다는 것을 안다면 결국은 하나님이 좋게 하실 것이다. 이것을 믿고 오늘 하루도 겸손하게 배우는 자세로 살아가자. 그러면 아무리 어려운 고난도 이길 수 있고 이해 못하는 사람의 행동도 마음으로 소화가 될 것이다.

### 왜 사람들은 배우려 하지 않는가?

• 잘 모르기 때문이다.

• 교만하기 때문이다.

• 소망이 사라졌기 때문이다.

• 배움 속에서 생명을 발견하지 못했기 때문이다.

• 자신보다 주변에 집중하기 때문이다.

• 남에게 베풀려는 의지가 없기 때문이다.

# 50

# 인생의 모든 계단은
# 그 나름대로 의미가 있다

인생은 어느 한순간만 잘살아서는 안 된다. 모든 순간이 다 소중하다. 모든 시간에 충실하고 최선을 다하는 것이 곧 성공적인 삶이다. 이것은 인생을 끝까지 잘살아야 함을 말한다. 마지막까지 가보기 전까지는 누구도 성공했다고 감히 말할 수 없다. 처음에는 성공한 것처럼 보이나 마지막에 가서 무너진 경우를 많이 본다. 인생은 마지막까지 장담할 수 없다. 그것은 인간을 겸손하게 하기 위한 하나님의 방법이다.

이렇게 살기 위해서 한 가지 염두에 두어야 할 일이 있다. 인생의 모든 계단에 가치를 부여하는 일이다. 태어나서 죽는 순간까지 사람이 걸어가는 인생의 계단은 모두 의미가 있다. 내일을 잘살기 위해서는 오늘을 잘살아야 한다. 오늘이 쌓여진 것이 내일이다.

인생의 여정은 어떤 시간이라도 무시하거나 소홀히 여기면 안 된다. 모두 하나님이 주신 시간이기 때문이다.

오늘도 우리는 인생의 계단을 하나씩 올라서고 있는 중이다. 마치 벽돌을 쌓듯이 하나씩 쌓아 하나님을 향해 올라가고 있는 것과 같다. 성공적인 삶을 위해서는 한 계단, 한 계단에 충실하면서 목표지점까지 나가는 자세가 필요하다. 모든 계단은 소중하다. 그리고 그 계단은 나름대로 의미가 있다. 그 시간에 충실하고 최선을 다하는 것이 하나님이 원하시는 삶이다. 하나님은 작은 일에 충성할 때 많은 것을 주신다.

공든 탑이 무너진다는 말이 있다. 블록을 쌓다 보면 마지막이 가장 어렵다. 마지막 하나를 잘못 놓으면 와르르 무너진다. 그런데 마지막 하나를 잘 올려놓는 것은 오랫동안 쌓아 올린 그 경륜과 과정을 통해서 이루어진다. 단번에 되는 것이 아니다.

우리에게는 어느 한순간도 소중하지 않은 시간이 없다. 모든 시간 중에 단 한순간을 소홀히 여길 때, 거기서 문제가 생기는 것을 살아가면서 많이 경험한다. 사단은 언제나 이 시간을 노린다. 그것이 모든 시간이 다 소중한 이유이다.

다윗은 사울의 시기와 질투를 잘 이기고 이스라엘 왕이 되었다. 그러나 왕이 된 후에 잠깐 한순간을 소홀히 함으로 나락으로 떨어졌다. 다윗은 아무 생각 없이 밧세바를 범하고 우리아를 죽였다. 그 결과 그의 인생 후반전은 매우 힘들었다. 고난과 땀으로 일구어낸 성공을 한 번의 실수로 더 깊은 고난으로 빠지게 했다. 다윗은 어려운 순간들을 소중하게 생각하며 하나님 앞에서 살려고 애를 썼다. 다윗은 사울처럼 죄악에 빠지지 않았다. 그러나 성공의 순간에 하나님보다 자신의 힘을 의지함으로 처절한 실패와 아픔을 맛보았다. 모든 시간이 중요하다는 것을 다윗은 잘 몰랐다.

모든 인생의 단계는 나름대로 하나님의 뜻이 있다. 그 의미를 잘 살펴서 그것을 드러내려고 할 때 위험에 빠지지 않게 된다. 인간적인 눈으로 보지 말고 언제나 하나님의 시야에서 인생을 보는 것이 필요하다. 인생의 굴곡을 만날 때마다 그 순간에 최선을 다하는 자세를 달라고 기도해야 할 것이다. 이렇게 보면 인생은 나의 힘으로 되는 것이 아니다. 매순간 하나님이 도와주셔야 한다. 오늘도 이 은혜를 간절히 구하면서 살아가자. 짧은 순간이라도 소중하게 생각하면서 하나님 앞에서 마음과 뜻과 힘을 다하는 삶을 살아가자.

**나에게 질문해 보자.**

- 오늘의 의미를 알고 있는가?

- 오늘은 어제가 있었기에 존재한다는 것을 알고 있는가?

- 오늘이 곧 미래의 모습인 줄 알고 있는가?

- 오늘 나의 인생의 집이 어디까지 지어졌는지 알고 있는가?

# 51

# 끝까지
# 포기하지 마라

모든 승부는 마지막까지 가봐야 안다. 전혀 상대가 안 될 때는 초반에 승부가 나지만 정상적인 경기일 때는 거의 마지막에 승부가 갈린다. 마지막 때가 다가올수록 선수는 지구력이 떨어지고 체력이 소모되면서 집중력이 사라진다. 마지막까지 얼마나 정신을 집중하여 버티는가에 따라 승패가 좌우된다.

인생의 승부는 초반이 아닌 마지막에 결정된다. 믿음도 끝까지 인내하는 자가 승리한다. 진실함은 길게 가보면 안다. 거짓된 것은 마지막까지 가지 않는다. 모두 중간에 도중하차 한다. 이단들을 구별하는 방법은 어렵다. 왜냐하면 금방 드러나지 않고 끝에 가서 달라지기 때문이다. 그때까지 기다리지 않으면 분별하기 어렵다.

인생에서 가장 위험한 것은 포기하는 것이다. 우리를 포기하게 하는 요인은 많이 있다. 그것을 이기지 못하면 결국은 그만두게 된다. 사단은 우리에게 그만두게 하는 다양한 묘수를 사용한다. 여러 가지 핑계를 대어 자기를 변명하게 하고 결국은 포기하게 한다. 특히 하나님의 일을 할 때 이런 유혹은 더 닥친다. 누구든지 포기하지 않고 인내하면 승리할 수 있다. 그러나 대부분의 사람들은 오래 참지 못한다. 이렇게 보면 결국 인생은 인내와의 싸움이다. 진리를 가진 자는 오래 참는다. 설사 결과를 보지 못해도 진리에 목숨을 건다. 그리고 그것이 역사를 변화시킨다. 그러나 거짓된 것은 쉽게 포기한다.

왜 사람들은 하는 일을 계속하지 못하고 중간에 포기하는가? 자기에게 주어진 일에 대한 확신과 소망을 발견하지 못했기 때문이다. 정말 이 일이 내가 가야 할 길이라고 확신하면 그는 포기하지 않고 계속 도전할 것이다. 진리를 가진 크리스천은 끝까지 포기하면 안 된다. 진리는 결국 승리하게 된다. 승리는 아무에게나 다가오지 않는다. 기다리고 인내하는 자에게 주어진다.

"대저 의인은 일곱번 넘어질찌라도 다시 일어나려니와 악인은 재앙으로 인하여 엎드러지느니라" (잠 24:16)

모든 사람이 일어서는 것은 아니다. 의인이 일어선다. 악인은 아무리 일어서려 해도 결국은 망한다. 그런데 세상에서 말하는 희망과 성공 이야기를 들어보면 그 사람이 어떤 사람인지는 중요하게 생각하지 않는다. 일반 자기계발서를 보면 그 사람이 선한 사람인지, 악한 사람인지는 크게 관심이 없다. 모든 사람을 통칭하여 '모든 인간은 할 수 있다'고 외친다. 인간의 가능성은 무한하기에 그것을 사용하면 위대한 일을 할 수 있다고 말한다. 그러나 성경적으로 보면 그것은 틀린 말이다. 그런 능력은 하나님이 주신 것이 아닌 자기 노력으로 이루는 것이다. 하나님과 상관없는 인간의 자기암시요, 인간적 기술이다. 그런 자기계발은 위험하다. 크리스천의 자기계발은 내 안에 계신 하나님을 드러내는 데 목적이 있다. 자기를 죽이고 부인하는 것이 크리스천의 자기계발이다. 이런 이야기를 많이 듣는다. "포기하지 마라. 절대로 포기하지 마라." 들으면 들을수록 좋은 말이다. 그러나 그것은 인간의 마음과 의지로 하는 것을 의미하는 것이다. 그것을 외치면 외칠수록 더 깊은 수렁에 빠질 수 있음을 기억해야 한다.

유명한 자기계발서로 베스트셀러를 낸 사람이 있었다. 그는 끝까지 고난을 이겨나가는 삶을 강조하면서 많은 사람들에게 희망을 주었다. 그런데 본인은 자살로 인생을 마쳤다. 그것도 남편과 동반 자살을 했다. 이 사건은 우리 사회에 큰 충격을 주었다.

고통이 너무 심해서 그것을 이기기 힘든 상황은 충분히 이해하지만 마음 어디엔가 무엇이 걸리는 느낌은 어쩔 수 없다. 왜 그랬을까? 자기 힘으로의 한계를 느껴서 그랬을 것이라고 생각해 본다. 인간의 의지가 아무리 강해도 자기를 의지하는 것에는 한계가 있다. 자기를 의지하는 자기계발은 일시적인 힘은 주지만 궁극적인 힘은 주지 못한다. 하나님 없는 자기암시나 자기확신은 더 큰 문제를 일으킬 수 있다. 하나님을 의지하는 것이 진정한 크리스천의 자기계발이다.

우리가 인생을 포기하지 않는 것은 인간 스스로의 의지력으로 하는 것이 아니다. 하나님이 주시는 힘으로 포기하지 않는 것이다. 진리가 나를 자유하게 한다. 말씀만이 나를 강하게 만들고 인내하게 한다. 나이가 들면서 우리는 이런 진리를 깨달아야 한다. 그렇지 못하면 가면 갈수록 인생이 더 힘들 수 있다. 나를 의지하는 법이 아닌 하나님을 의지하는 법을 깨닫는 것이 중요하다.

사람은 나이가 들면 자신이 없어지고 포기하기 쉽다. 혼자라는 생각이 들면 더욱 이런 느낌이 든다. 혼자 가는 길이면 포기할 수밖에 없다. 그러나 나를 도와주는 동역자가 함께 한다면 결코 포기하지 않을 것이다. 모든 크리스천은 이런 동역자를 가지고 있다. 바로 예수 그리스도이다. 오늘도 주님이 나와 함께 하심을 믿으면 우리는 어떤 상황에서도 포기하지 않고 나갈 수 있다.

성경에 가나안 여인이 예수님을 만나는 장면이 나온다. 이방 지역에 사는 이 여자는 예수님께 나아와 귀신들린 자기 딸을 고쳐 달라고 소리를 지르면서 간절히 구한다. 그러자 예수님은 자신은 이스라엘 자손을 위해서 보내심을 받았지, 이방사람은 자기 권한 밖이라고 말하면서 냉대를 한다. 그 여자는 포기하지 않고 구하지만 예수님은 여자를 개에 비유하면서 거절한다. 그러나 여자는 끝까지 포기하지 않고 주인의 상에서 떨어지는 부스러기라도 달라고 말한다. 결국 예수님은 가나안 여자의 믿음이 크다고 칭찬하면서 그 소원을 들어주셨다(마 15:21~28). 자신의 의지가 아닌 예수님에 대한 믿음이 그 여자로 하여금 포기하지 않게 한 것이다.

아무리 어려운 일이 있어도 인생을 포기하지 마라. 포기하지 않기 위해서는 인간의 힘으로는 안 된다. 나와 영원히 함께하시는 주님을 붙잡고 그분에 대한 믿음을 갖고 끝까지 인내하라. 그러면 주님이 내 안에서 이루어주실 것이다. 지금이라도 내가 이루는 것이 아닌 주님이 이루어주시는 비전을 바라보자.

"너희 속에 착한 일을 시작하신 이가 그리스도 예수의 날까지 이루실 줄을 우리가 확신하노라" (빌 1:6)

## 다음을 점검해 보자.

• 하고 싶었던 일 중에 포기한 것은 무엇인가?

• 왜 그것을 포기했다고 생각하는가?

• 아직도 계속하고 있거나 다시 시작하는 일이 있는가?

• 왜 그 일을 하고 있는가?

• 죽는 순간까지 하고 싶은 일을 찾았는가?

# 52

# 웰다잉Well-dying을
# 준비하라

나는 목사인 관계로 사람들의 임종을 다양하게 접하는 편이다. 인생의 마지막은 죽음이다. 죽은 사람의 얼굴을 보면 그 사람이 어떻게 살았는지 대략 알 수 있다. 죽은 사람의 얼굴 모습은 아주 다양하다. 불안과 공포감에 사로잡힌 얼굴을 볼 때가 있다. 아마 죽음에 대한 두려움 속에서 죽음을 맞이했기 때문일 것이다. 죽음을 인생의 끝이라고 생각하면 두렵다. 죽을 때를 보면 그 사람이 성공적인 삶을 살았는지 알 수 있다. 세상에서 성공적인 삶을 살았다고 생각한 위인들 중에 비참하게 죽음을 맞이한 사람들이 많다.

영국의 시인 바이런은 남들이 모두 부러워하는 미남이며 멋있고 걸출한 사람이었다. 일생 동안 향락과 즐거움을 마음껏 누리면서 살던 그는 마지막 생일에 침통한 심정을 시적으로 표현했다.

"나의 인생은 말라버린 노란 낙엽 같구나! 나는 버러지다. 나에게는 슬픔만이 있을 뿐이로구나!"

프랑스의 철학자 볼테르는 평생을 하나님이 없다고 주장하면서 하나님을 믿는 사람들을 멸시하고 자기 식견을 당당하게 내세우며 살았다. 그랬던 그는 마지막에 이런 말을 처절하게 남기고 죽었다.

"차라리 세상에 태어나지 않았으면 더 좋았을 것을! 아, 나는 지옥에 가는구나!"

죽음을 이렇게 맞이하면 안 된다. 아무리 세상적으로 화려한 생애를 살았다 해도 마지막에 탄식을 하며 지옥을 생각하면서 눈을 감는다면 얼마나 슬픈 인생인가.

죽음을 천국의 출입문이라 믿으면 우리는 찬송하면서 행복하게 죽음을 맞이할 수 있다. 믿음을 가진 사람의 죽음의 모습은 평안하다. 마치 잠자는 것과 같거나, 가족들과 다음에 만날 것을 기약하며 인사하고 헤어지는 것과 같은 모습을 느끼게 된다. 그런 모습을 보는 가족들도 죽음이 무섭지 않다. 그것을 보는 사람은 나도 저렇게 평안히 죽음을 맞이할 수 있다면 얼마나 좋을까 생각한다.

죽음은 모든 인간에게 주어지는 공평한 시간이다. 인간은 태어날 때처럼 마지막도 동일하다. 빈손으로 가는 사람을 보면서 우리는 많은 생각을 한다. 70~80년의 짧은 인생 속에서 무엇을 위하여 그렇게 복잡한 삶을 살았는가? 꼭 그렇게 살 필요가 있었는가? 왜 조금 더 사랑하고, 조금 더 나누고 살지 못했는가? 하는 아쉬움을 토해낼 때가 많다.

죽음은 우리로 하여금 진실하게 한다. 만약 이런 마음으로 인생을 살았다면 그는 잘사는 인생이었을 것이다. 죽음은 보는 사람 사람으로 하여금 많은 것을 깨닫게 하는 유익이 있다. 잔칫집보다 초상집에 가는 것이 유익한 이유가 여기에 있다.

누구나 죽는 그 순간을 우리는 평소에 준비해야 함에도 그렇지 못한다. 세상 살기에 바빠서 죽음에 대한 준비를 하지 못하고 갑작스럽게 죽음을 맞이하는 사람들이 많다. 죽음은 나이 순서에 따라 오는 것이 아니기에 아무도 자신이 언제 어떻게 죽을지 모른다. 그래서 죽음의 준비는 모두가 해야 한다. 죽음은 나이 든 노인들만의 이야기가 아니다.

하지만 대부분의 사람들은 자신은 죽음과 상관이 없다고 믿고 산다. 죽음을 먼 미래로 생각하기 때문이다. 그런 이유로 죽음을 준비하지 않고 산다. 현대 사회는 예기치 않는 죽음이 많아졌다. 죽음은 노인이나 암환자에게만 닥치는 것이 아닌 누구에게나 해당되는 일이다. 어떻게 하면 잘 죽을 수 있는가? 그것은 자신을 정확하게 아는 데서 시작한다. 세상의 일이 바쁘다 보면 자신을 돌아볼 기회가 없다. 그러다가 갑자기 죽음을 맞이하게 되면 자신을 돌아보면서 '나는 누구인가?' '나는 어디서 왔는가?' '내가 하는 이 일은 무슨 의미가 있는가?' '나는 어디로 갈 것인가?' 등의 문제를 생각하게 된다. 인생의 가치가 어디에 있는가를 생각하면서 본래의 모습을 찾게 된다. 죽음을 맞이하면 모든 것을 새롭게 생각하는 기회를 갖게 된다. 그 속에서 후회를 하기도 하고, 많은 일들이 정리가 되면서 본질적인 것에 집중한다. 만약 나에게 남은 시간이 몇 년밖에 되지 않는다면 '무엇을 먼저 하면서 살 것인가?'를 심각하게 돌아보게 될 것이다. 이런 생각을 죽음에 닥쳐서 하게 되면 후회할 경우가 많다.

한 번쯤 죽음을 준비하는 마음으로 자신의 삶을 돌아보면 세상을 살아가는 자세가 달라진다. 웰다잉well-dying은 이렇게 죽음의 준비를 미리 함으로써 시작된다. 그리고 이것은 웰빙well-being으로 이어진다. 내일 죽을 것처럼 오늘을 살아가면 문제는 간단하다. 모두가 잘살 수 있다. 이것이 진정한 웰빙이다. 웰다잉은 결국 웰빙을 위한 것이다.

구체적으로 '유언장 쓰기'와 '유언일기 쓰기' 같은 프로그램을 통해 미리 자신의 죽음을 돌아보는 시간을 가질 수 있다. 아니면 하루를 마치고 잠자리에 들 때 죽음의 훈련이라 생각하면서 하루를 성찰하는 것도 도움이 된다.

가장 잘 죽는 것은 예수님을 믿고 죽는 것이다. 믿음을 가진 자는 죽음이 두렵지 않다. 아무리 죽음을 준비하고 자기를 살핀다 할지라도 그것이 믿음을 갖고 믿음을 굳게 하는 데 연결되지 않으면 헛된 것이 될 수 있다. 크리스천은 세상 사람들과 죽음의 준비가 다르다. 우리는 이미 그리스도 안에서 영생을 얻었다. 죽음은 잠시 거쳐 가는 정거장이지, 종착역이 아니다. 이것을 안다면 누구도 잠시 멈추는 정거장에 대해서 슬퍼하지 않을 것이다. 우리에게는 영원한 하나님의 품이 기다리고 있다. 이런 믿음의 확신을 가지고 최선을 다하며 하루를 살아가는 것이 크리스천의 웰다잉이다. 죽고 사는 것은 하나님의 손에 있다. 우리는 이미 죽음을 넘어섰다. 그것을 이미 해결한 예수님의 부활신앙을 굳게 붙잡고 하루를 살아가면 그것이 가장 좋은 웰다잉이다.

살든지 죽든지 그것은 하나님의 뜻이다. 우리는 영원한 복음을 주신 것을 감사하며 아직도 이런 축복을 모르는 사람들에게 전하면서 살아가야 할 것이다. 영원히 사는 마음으로 오늘을 살아가는 것이 세상을 가장 잘사는 사람의 모습이다.

"주 안에서 죽는 자들은 복이 있도다" (계 14:13)

알고 있는가? 주님을 믿는 사람에게 죽음은 저주가 아닌 축복인 것을⋯. 왜냐하면 죽음은 세상 수고와 아픔을 모두 버리는 순간이면서 사망이나 곡하는 것이나 애통하는 것이나 아픈 것이 없는, 영원한 하나님의 나라에 들어가는 출입문이기 때문이다.

### 나의 삶을 돌아보자.

• 현재 나에게 가장 소중한 일은 무엇인가?

• 나는 무엇 때문에 사는가?

• 나는 죽음을 준비하고 사는가?

• 나는 세상에 와서 다음 세대에 남겨줄 일을 얼마나 했는가?

• 나는 오늘 죽음이 온다면 무엇을 할 것인가?

# 멋지게 나이 들기 위한 자신과의 약속

## 멋지게 나이 들기 위한 자신과의 약속